乐龄悦读

程 伟 — 主编

中国社会出版社

国家一级出版社·全国百佳图书出版单位

图书在版编目 (CIP) 数据

乐龄悦读 . 2401 / 程伟主编 . -- 北京：中国社会
出版社，2024.3

ISBN 978-7-5087-7031-4

Ⅰ . ①乐… Ⅱ . ①程…Ⅲ . ①老年人－生活－知识
Ⅳ . ① Z228.3

中国国家版本馆 CIP 数据核字 (2024) 第 044697 号

出 版 人：程　伟		终 审 人：余细香	
责任编辑：马潇潇		责任校对：李林凤	
封面设计：时　捷			
出版发行	中国社会出版社	地　　址：北京市西城区二龙路甲 33 号	
邮政编码：100032		编 辑 部：（010）58124839	
网　　址：shcbs.mca.gov.cn		营销中心：（010）58124841	
投稿邮箱：LLYD2017@163.com		经　　销：新华书店	
印刷装订：河北鑫兆源印刷有限公司		开　　本：185 mm×260 mm 1/16	
印　　张：12		字　　数：210 千字	
版　　次：2024 年 3 月第 1 版		印　　次：2024 年 3 月第 1 次印刷	
定　　价：45.00 元			

《乐龄悦读》编委会

主 任 委 员：程　伟

委　　　员：（以姓氏笔画为序）

王　前　李　彤

主　　　编：程　伟

副 主 编：王　前

编辑部主任：张　杰　李　彤

编辑部成员：马潇潇　朱文静　张　迟　李林凤　赵　冬

孟　莞　郑淑华　姜婷婷　黄唯岗

《乐龄悦读》指导委员会

于殿鹏　冯秀春　台恩普　刘晓玫　杨雪峰

吴亚军　宋宝丽　张倩玉　赵美中　侯孝国

姜金方　贾体智　凌先有　韩如意　薛　丹

薛全福

《乐龄悦读》指导单位

工业和信息化部离退休干部局

中国人民银行离退休干部局

中国小康建设研究会助老工作委员会

中国老龄事业发展基金会

水利部离退休干部局

北京卫戍区老干部工作办公室

司法部离退休干部局

国家林业和草原局离退休干部局

国家国防科技工业局离退休干部局

国家知识产权局离退休干部部

国资委机关离退休干部局

国资委建材离退休干部局

国资委轻工离退休干部局

国资委商业离退休干部局

目 录

目 录

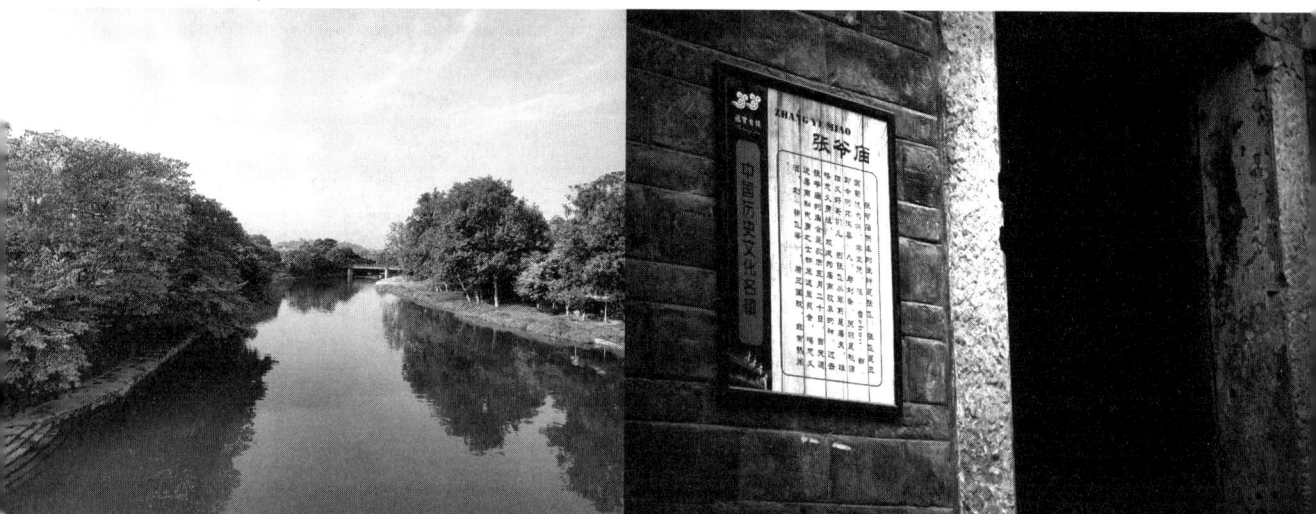

春季您可以这样搭配服装

任红霞

阳春三月，春暖花开，每一位爱美、时尚的中老年女性朋友，应该已经按捺不住开始选择美丽时尚的换季服装了吧？但是春寒乍暖，从寒冷到温暖总要有一个循序渐进的过程。如果中老年女性朋友想要既美丽又不"冻人"，那么不妨试试以下的服装搭配方法。

一、套裙：知性，中老年女性的首选

套裙似乎毫无新意，但只要挑选好合适的颜色，套裙会变为非常时髦的春季服装。中老年女性朋友可以避开艳丽的颜色，选择粉色、绿色、浅灰色等颜色，这些颜色温柔雅致，会让人有一种春天来临的感觉。如果觉得天气还有些寒意，可以选择一条皮草的围领。这类小小的皮草配饰非常适合春季这种略有寒意的季节，同时这类皮草装饰可以随意搭配其他服装。

有些中老年女性喜欢更加素雅的颜色，比如黑、白、灰、咖色等。这些颜色的搭配也都是很好的选择，因为这几种基础颜色的选择永远不会有错。比如黑色的套裙配上一件白色或者浅灰色高领的半袖衫，会体现出一种儒雅的气质。

二、小皮衣：穿出老来俏

冬天虽然过去了，但是皮草的魅力可不是那么容易消退的。如果中老年女性朋友想要抓住冬天的小尾巴，就需要一件短款小皮衣来给自己的时尚撑撑门面。这时候，层层叠叠的皮草可不应景儿了，皮衣正合适呢。领口胸襟处缀上些许皮草装饰，再配上一条细细的腰带，真是优雅又时尚。

三、针织衫：怎么穿怎么时尚的宠儿

春天当然少不了各种款式和颜色的针织衫，各种明亮的纯色系都可以作为穿衣的首选。现在很多针织衫都与运动款的卫衣进行了很好的融合，这种针织衫不仅穿着舒适，而且行动自如、搭配简便，中老年女性朋友穿上后能体现出成熟女性休闲运动的气质。喜欢时尚的中老年女性朋友的衣柜里必备一件这样的针织衫，相信在春天里您一定是非常时尚和抢眼的。

服装搭配适宜，助您成为有品位的"时尚老人"

詹艺霞

现在的老年朋友，正逢太平盛世，衣食无忧，身体健康，享受着晚年的幸福生活。他们经常参加各种社会活动，因此，对着装就有更高的要求。怎样穿着打扮才能展示出现代老年人的风采呢？下面，就为您介绍一下服装搭配方面的知识，希望对您有所启发。

风格的选择

选择服装风格的时候，中老年人要尽量选择能显示出中老年人端庄大方、谦逊含蓄气质的服装，从而体现中老年朋友特有的成熟美。

款式的选择

服装可以选择简洁明快、装饰合理、裁剪简单的款式，让服装与自己的身份、体形、气质相一致。中老年人应更加注意穿衣艺术，要根据身材的高矮、胖瘦，脸形的长圆、尖方，脖子的粗细、长短来制作或选择服装，做到服装的"因人而异"。

颜色的选择

身材高大的老年人，宜选择深色、纯色的衣服；身材矮小的老年人则以上下一色为宜，这样能显得身材修长。老年女性不宜穿色泽太过鲜艳、花色复杂的衣服，若上浅下深，最好搭配相近颜色的鞋袜。瘦小的老年人宜穿浅色淡雅的服装；肥胖的老年人不宜穿紧身衣，不宜大面积地用明亮色调，应以宽松为好，因为这样会使身体看上去更显胖，体形更臃肿。

不同年龄段中老年人的色彩搭配法

50～60岁。处在五六十岁的中老年朋友，穿衣时应该以黑、白、灰为主色调，再辅以其他色彩。如黑、白、灰与粉色系、浅色系搭配，既体现成熟又体现美；黑、白、灰与深色调搭配，能体现出中老年人的成熟、稳重气质；黑、白、灰与自然色调（包含黄色、蓝色等）搭配，则给人以柔和、亲切的感受。

60～70岁。60岁以后，在穿衣与色彩搭配上，要尽量避免运用对比色和互补色来搭配，如红配绿、黄配紫等，这种搭配虽然对比鲜明、强烈夺目、个性突出，却不适宜老年人。可以采用同色系和邻近色相搭配，从而显得柔和自然、稳重典雅。

70岁以后。当前许多70岁以上的老年人，穿衣风格都比较保守，且过于单调。其实这个年龄可以追求"突破"，打破年龄的壁垒。在色彩上要尽力跳出灰、黑、蓝的框框，既要显得素雅，又要富于时代感。在日常穿着中，色调最好采用中国服装的基本色，建议用红色调，这样可以衬托得老年女性脸色红润，容光焕发。如果穿外套和毛衣，建议选择淡紫、淡墨绿、淡咖啡等淡色系的颜色。但不要选择条纹太多、太杂、太亮眼的服饰，这样会显得不够素雅沉稳。

书画园地

《朴实平凡的劳动者》陈小惠作品

家乡的韭菜花

别世芳

赋闲在家，我从书柜中找出清代文学家梁启超的《台湾竹枝词》，认真品读"韭菜花开心一枝，花正黄时叶正肥"的著名诗句，勾起了我对家乡韭菜花的回忆……

家乡的韭菜花，是秋天韭菜生长出的白色花簇，多在欲开未开时采摘，磨碎后，可腌制成韭菜花酱食用。韭菜花酱有一种特别的味道，对生活在北方的人来说，它是吃涮羊肉时必不可少的调料。

我母亲虽然生活在南方，但是她每年都在韭菜花半开时，采摘一筐，将其清洗干净后，一点点用蒜缸子捣碎，放上适量的盐，腌制一罐韭菜花酱，韭菜花酱便成为我们全家吃饭的作料。儿时的我，不仅知道韭菜花酱好吃下饭，还懂得韭菜花酱来之不易，那是母亲用辛勤劳动换来的成果。

小时候，我家住在湖北仙桃乡下。秋天，在静谧的田野里，自家屋前菜园里，韭菜花悄悄地开了，一朵朵韭菜花像星星一样闪亮，在秋风秋雨的滋润下，充满生机。

我母亲对种植韭菜特别细心，那时只要她去菜园给韭菜锄草施肥，就会带着我去帮忙。令我印象深刻的是，秋天的韭菜会长出一根绿色的薹茎，顶端摇曳着小小的花苞，里面有一个个小米粒般未熟的果实。绽放时的小白花非常漂亮，近看似银，远看如雪。俯下身子贴近韭菜花，那特有的浓郁花香，还有那淡淡的辣味就会扑鼻而来。

韭菜其实非常皮实，对水、肥的要求也不是很高，气候旱点、涝点影响不大，土壤肥点、瘦点都能生长。韭菜还有一大优点，那就是播种一次，好多年都不需要重新再播种。每年待到春暖花开之时，韭菜就会从根部生出新芽，然后像新播种的一样，昂扬生长。

在我的家乡，父老乡亲们很少播种大葱，只有极少数人种点小葱，他们几乎都不吃大葱。北方人很多都是用大葱来炝锅炒菜，而在我的家乡，炒菜却是用韭菜来调味。北方人做汤都会撒点香菜或者葱花，而在我的家乡，做汤撒的大多是韭菜。家乡的韭菜在厨房里派上了很大的用场，例如，韭菜炒腊肉、韭菜炒腊鱼、韭菜炒鸡蛋、韭菜炒河虾、韭菜炒豆皮、韭菜炒豆芽，这些都是家乡的美味菜肴。韭菜还是做馅的好辅料，蒸包子、包饺子、做馅饼等，都少不了它。每年开春后，韭菜合子、韭菜春卷是家里餐桌上的新宠，深受家人喜爱。

俗话说，早春韭菜一束金。在开春的时令蔬菜中，最先崭露头角的就是韭菜了。早春二月，初生的韭菜色泽深绿、叶宽茎粗，最适合做汤做馅。待韭菜生长一段时间后，它的茎秆会慢慢变硬变高，叶子也会慢慢变细变长，韭菜的味道也会慢慢变浓变鲜，这时的韭菜最适合炒菜，尤其是韭菜辣椒炒鸡蛋、韭菜辣椒炒黄豆芽等，味道鲜美，回味无穷。家乡的父老乡亲通过实践总结出了吃韭菜的经验：韭菜的嫩芽最适合做汤，刚刚长出来的韭菜最适合包饺子，生长成熟的韭菜最适合炒菜。韭菜从春天到秋天都在生长，割一茬长一茬，一年之中，不停地在嫩芽和成熟之间转换，如果分片收割，天天都会有嫩芽，日日都会有半成熟和成熟的韭菜，随时都有适合做汤、做馅、炒菜的韭菜来

保障人们日常生活的需要。

家乡的韭菜还有个非常神奇的地方，春夏两季，无论韭菜生长得多么茂盛，都没有要开花的迹象。但是，只要进入秋天，就算韭菜长势不好，也会开花。这时，韭菜会从叶子的正中长出高出韭菜叶子一大截的粗壮茎秆，茎秆的顶端就会开出一簇伞状的白色小花来。

家乡的父老乡亲每年会给韭菜施两次肥。初春一次，是在韭菜即将发芽或刚长出嫩芽的时候。初秋一次，是在韭菜即将开花或刚刚露出开化迹象的时候。那时，一旦入秋，家里无论多么垂涎韭菜的美味，母亲都不会再去割韭菜了，好让韭菜自然生长，开花结籽，尽情享受生命的绽放和轮回。

处暑一过，天气渐凉。家乡菜园里的韭菜在秋风的吹拂下开出白色的伞状花朵，田畦散发着淡雅的独特清香。自古以来，赞美韭菜花的诗人数不胜数，唐代著名诗人白居易在《邓州路中作》中就写下了"漠漠谁家园，秋韭花初白"的诗句。我喜欢家乡的韭菜花，那是我心中抹不去的一缕乡愁，永远寄托着我对美丽家乡的深深思念。

苋菜馉

刘仁前

"生臭熟香"一词，似乎天生就是为苋菜馉准备的。只要是对苋菜馉这一特别的食物有认知的，几乎会脱口而出："生臭熟香。"如若有人提及"生臭熟香"一词时，味蕾所调动的记忆，所滋生出来的味道，便是咀嚼苋菜馉的美好。这样的搭配，又可生出另外一词——"相得益彰"。所有这一切，都是现时的孩子很难体会和理解的。

家乡一带的苋菜，有红苋菜和白苋菜两种。红苋菜，不是通常的红，其叶、其茎，均呈紫红。食用红苋菜做成的菜也好，汤也好，那种鲜、艳，极其醒目。如若你有幸搭配食得一碗白米饭，那碗里的米饭粒儿，顿时鲜红起来。盛饭碗具选用白瓷的，那汤汁挂壁定然一样鲜、艳。如今喝红酒者日众，很多讲究"挂壁"，那是另外一回事。

白苋菜，其实也不是名副其实的"白"，只是较红苋菜而言，可称得上无色，故以"白"冠其名。白苋菜，其叶和茎通常为青绿色，嫩的白苋菜和红苋菜一样，可以掐取其叶，断取其茎入菜。常见的有苋菜豆瓣汤、青蚕豆烧苋菜之类家常菜罢了，没有什么特别的。苋菜也好，蚕豆也罢，本身并不具备调味功效，做出的菜，是否味鲜，仅靠原有食材是不够的。这类家常菜，调味几乎无一例外选择外加。只要读过《红楼梦》，都会对一道"茄鲞"赞不绝口。原著中，曹雪芹借王熙凤之口，是这样介绍的——

这也不难。你把才下来的茄子皮签了，只要净肉，切成碎丁子，用鸡油炸了，再用鸡脯子肉并香菌，新笋，蘑菇，五香腐干，各色干果子，俱切成丁子，用鸡汤煨干，将香油一收，外加糟油一拌，盛在瓷罐子里封严，要吃时拿出来，用炒的鸡瓜一拌就是。

寻常人家自然不比贾府。然，就是现在说到的苋菜，作同样处理，无论是烧汤，还是做菜，在我的印象里，都是红苋菜更味鲜可口。这当中，那鲜且艳的红色，给味蕾的刺激看来是不小的。难怪人们对菜品，讲究色、香、味、形俱全，是有道理的。

这红苋菜和白苋菜相较，似乎红苋菜轻易占了上风。然，我们将它俩的生长期放长一点，让它俩长出粗壮的茎秆之后，便可成为制作苋菜馉的食材。这时，白苋菜会因为其茎秆粗，肉质多且嫩，而实现逆转。

腌制苋菜馉时，需弃叶，取其茎秆，切段，来完成腌制前的原材料准备。这一红一白，两种苋菜，其茎秆，红者细，少肉多筋；白者粗，肉多且嫩。如此，乡民们腌制苋菜馉，多选择白苋菜茎秆，而不是红苋菜茎秆。当然，红苋菜茎秆也不是不能腌苋菜馉，在我的印象里，是一样腌的。只不过，平时选择时，多取红苋菜做菜，不让其生长太老。而白苋菜，则有意多让其生长，以便日后腌苋菜馉之需。

要想腌制出一款风味独特的，所谓"生臭熟香"的苋菜馉来，其中的奥妙在于要有"老卤"。这老卤，便是陈年苋菜馉汁。只要是保管妥善，那卤汁，自然是愈陈愈好，愈陈味愈足，渗透力愈强。有这方面生活常识的人都知道，老苋菜馉不好吃，在坛子里浸泡时间一长，便空掉了，咀嚼起来只有渣子，没有肉，只能尝其味。然，这老苋菜馉的卤汁，就大不同矣。有如做面点之酵母，作用大了。新腌制的苋菜馉，炖熟之后，口味更醇，更香。吃米饭、喝粥，苋菜馉都挺下饭的。嫩苋菜馉，可以整段儿咽到肚里去，不妨事。农家孩子颇喜欢。大人们则多半爱夹上几段老苋菜馉，堆到蓝花大海碗上，扒两口粞子饭，嚼一段苋菜馉，腮帮子一鼓一鼓，越嚼越有滋味。再扒饭，再嚼。之后，吮其汁，吐出渣。那模样，比吃山珍海味都过瘾。这场景，我在长篇小说《香河》里有过较为详细的描写，读者诸君亦可参阅。

在"瓜菜代"的年月，农家饭桌上，常以青菜为主食，不少健壮的汉子、耐劳的农妇，均得了"青紫症"，对绿色食物产生了厌恶感，怕吃青菜，亦怕青菜腌成的"咸"。此时，餐桌上多一份"生臭熟香"的苋菜馉，那必然会让乡民们胃口大开。事实上，这老卤腌制的苋菜馉，确能开胃、增进人的食欲。不过，现在的餐桌上，不见苋菜馉已有好多年矣。

后来发现，这苋菜馉，并没有完全消失。夜晚，在你我生活的城市里，说不定哪条街巷不显眼的地方，就有个小摊位，有人在卖油炸臭豆腐干子呢，远远地，那片街角，便弥漫在苋菜馅奇异的香味之中……那习惯了夜生活的"夜猫子"们，或塑料袋装，或竹签穿，男男女女，叽叽喳喳，边走边咬嚼臭干子，全然一副快活样儿，也不在乎吃相有多丑矣。这种直呼其名的臭干子，被这些"80后""90后""00后"叼在嘴上，在城里畅销起来，倒是令我们这些年过半百之人颇感意外。

无论他们对用苋菜馅汁制作出的臭干多么青睐，他们也很难理解父辈祖辈们对苋菜馅所怀有的那份情感。苋菜馅的"生臭熟香"，留在我们这一代以及我们上一代人脑海里的，实际上是一段岁月的记忆。

煮干丝

刘香河

写下这样的题目，似乎有点儿不合时适。为何也？现在做这类文章，几乎无一例外，在前面都要加一个字——大。这"大煮干丝"似乎才够分量，够气派。可，这与我的喜好，与我的出发点，皆相左。窃以为，煮干丝，才是事物本来之面貌。"大"，无疑带有个人感情色彩。而有些"大"，则显得别有用心，甚至居心叵测。

煮干丝，在清乾隆年间有个颇雅的名号——"九丝汤"。顾名思义，就是九种食材切成丝，做成的汤。哪九种食材？火腿、竹笋、口蘑、木耳、银鱼、紫菜、蛋皮、鸡肉，这八种食材切成"八丝"，再加一丝：干丝。这不正好"九丝"也。也不绝对，讲究一些的，也有加海参丝，抑或燕窝丝的。估计寻常百姓，没有如此讲究的。海参、燕窝这类名贵之物，多为达官贵人、巨商富贾所青睐，普通百姓无福消受。

提及煮干丝，不论你承不承认，服不服气，当首推"扬州煮干丝"。扬州煮干丝，与镇江肴肉一样盛名天下。有晚清词人黄鼎铭的一首《望江南》词为证：

扬州好，
茶社客堪邀。
加料干丝堆细缕，
熟铜烟袋卧长苗，

烧酒水晶肴。

词中虽没点明，但写到了扬州干丝和镇江肴肉。

而前文所言"九丝汤"，正是乾隆南巡到扬州时，地方官员用来进献皇上的一道菜品。如今早已端上寻常百姓的餐桌，为黎民百姓所享用矣。只不过，现在的煮干丝，不再繁至九丝，多以干丝、鸡丝、火腿丝，加鸡汤煨煮，讲究的再添加木耳、竹笋、青菜头之类配料。不论配料多寡，其主角仍然是干丝。因而，厨师在操作这道菜品时，对干丝的切制，是极为讲究的。

有美食家美誉的汪曾祺先生曾专门为"干丝"著文，介绍说——

一种特制的豆腐干，较大而方，用薄刃快刀片成薄片，再切为细丝，这便是干丝。讲究一块豆腐干要片十六片，切丝细如马尾，一根不断。

汪先生寥寥数语将干丝切制之要领交代清楚，这当中点出了干丝原料之重要，"一种特制的豆腐干"。这是大有讲究的。普通豆腐干，质地偏松，密度不够。切丝时，因含水量偏高，难出精丝，再加之偶有气孔，会导致丝断。如此，普通豆腐干便不可取也，唯有"特制"。这种特制豆腐干，多用本地黄豆，经磨浆、点卤、压制等多道工序加工而成。因知道为制作干丝之专用，较普通豆腐干压制要紧，密度要高，韧性要好。

接下来才能谈"切功"。用刀讲究的师傅，都有两把刀，一大一小，一厚一薄。大刀在两处派上用场，一是削平豆腐干的边皮，二是"片"好豆腐干，最后切丝。小刀，即汪老文中的"薄刃快刀"，专用于"片"出薄片。有种说法"薄如纸，细如丝"，不免夸张，但薄到用火柴点着，这实在令人叹服。有种龙须面，丝细可燃。那还好说，面食可燃性是有的。然这豆制品，加工之后可燃，实难。然对自身要求高的厨师，确实做到了这一点。这样用刀精的师傅，"片"豆腐干时，其刀在手中欢快地行走，动作迅疾，层层翻飞，不做丝毫停顿。瞬间换上大刀，只听得案板"笃笃笃"响个不停，却不见刀的移动。不一会儿，一方"大而方"的豆腐干，变成了一堆豆腐丝，呈现在案板之上。细嗅一下，干丝中还充盈着一缕淡淡的豆香呢。这里有个细节，汪老文中言及，"一块豆腐干要片十六片"，应该说很不易也。

然，这"十六片"，尚未达到我们地方上出台的干丝制作相关标准呢！在我们地方上，若标以"××干丝"之名，一块豆腐干则需片出"二十片"，比汪老所说的"十六片"多出了"四片"。这样看来，"二十片"倒成了基本要求。在我们这些外行看来，"难于上青天"的事情，到了"业精于勤"的师傅们手中，则易如反掌也。事实正是如此，因为更高明的厨师，可片出"三十六片"，那一块豆腐干，被他把玩于股掌之中，真的是游刃有余。

至此，到了煮干丝"煮"的这道工序。煮，讲究用"高汤"。多半用鸡汤，且为去油后的头道清汤。如今养殖业发展颇快，规模化养殖、颗粒饲料喂养，这样养殖出来的鸡终不及散养的土鸡。汪曾祺先生在谈及煮干丝的"汤"时这样说，"煮干丝则不妨浓厚。但也不能搁螃蟹、蛤蜊、海蛎子、蛏，那样就是喧宾夺主，吃不出干丝的味了"。这是很有见地的行家之言。这与"高汤"的要求是吻合的，但汪老也给出了"高汤"的底线，并不是所有起鲜的东西都能入汤。如若弄得连一点干丝味都没有了，那还能叫煮干丝吗？有朋友说，因这煮干丝需要"大汤"煮制，故而称作"大

煮干丝"。这说法，显然是走的相声老艺术家马三立的路子："逗你玩。"

汪先生在文章最后又强调了一次，"煮干丝不厌浓厚"。足见汪先生对"汤"的重视。然，汪先生没有讲"煮干丝"为什么"不厌浓厚"？其实，这跟干丝是豆制品有关。这豆制品自身味薄得很，且易吸油脂，不惧油腻，汤汁浓厚则味高，汤汁稀薄则味寡。

与煮干丝同出一门的，还有一道烫干丝。

如果煮干丝可以看作干丝的豪华版、升级版，那么这烫干丝，似乎可以视为简装版、基本版。我这样说，并不等于这烫干丝没有一点技术含量。

顾名思义，烫干丝、烫干丝，第一讲究，就是个"烫"字。虽然说，无论煮干丝，还是烫干丝，都要"烫"过三次，但两者还是有差别的。烫干丝，在"提碱"过后要"收水"，否则干丝吃着会有水腥气。有水腥气，食用者的味觉便一下子被破坏掉了，原有的"五味"荡然无存。

在煮干丝这里，矛盾就不会如此尖锐。毕竟煮干丝最后一道是高汤煮制，"收水"自然没有烫干丝来得重要。两者一样重要的是"提碱"，均讲究时间控制，以干丝呈软滑之状为

佳，时间短不得，也长不得。

而"收水"，对烫干丝来说，是在"提碱"之后、装盘之前。滗去碱水的干丝，最后一道"烫"在老师傅那里，讲究的是一气呵成。老师傅一手执开水壶，一手给加入生姜丝的干丝收水，那滚水通过老师傅的手指，冲烫干丝，老师傅边烫边收，最终将这盘烫干丝收成一个馒头状。

这时，烫干丝另一讲究便来了，那就是"卤汁"。这卤汁，看上去色泽犹如老抽，呈酱红色。如果你真的以为是老抽，那就错也。这卤汁，是选用几种品牌的酱油，加入香叶、桂皮、八角、胡萝卜、芹菜、香菇等原料用小火熬制而成。烫干丝在烫、收完成之后，临上餐桌之前，最后一道工序，便是撒上芫荽、海米、花生米、肴肉丝之类配料，浇上热乎、黏稠、香甜的卤汁。

细心的师傅会将这份烫干丝置于洁白的瓷具之中，送给客人品尝之前，配上几丝红椒、几丝绿蒜，和嫩黄的生姜丝、乳白的干丝、酱红的卤汁，构成五色，与烫干丝所蕴藏的咸、甜、鲜、香、辣五味相呼应。

如此一盘烫干丝送到你面前，你说，忍心拒绝吗？

摄影天地

陆仁宇摄影作品

老年人居室装修注意六个细节

石庆泉

为老年人装修居室，不但要符合健康需求，还要适应老年人的身心特点，保证安全。今天就给大家讲解一下老年人居室装修中需要注意的六个细节。

1. 地面。老年人多少都会有骨质疏松的症状，跌倒后容易骨折。因此，装修时要注意做好地面的防滑措施。室内地面，尽量避免出现门槛或有高度差的台阶，应安装软木地板或防滑地砖。对楼梯要进行维护，做好防滑处理。注意门口、卫生间和室内楼梯的脚垫，最好将脚垫固定在地面或楼梯踏板上，防止出现"卷角"情况。

2. 灯光。老年人起夜较勤，为保证老年人起夜时的安全，装修时，卧室、客厅等地方可安装低照明度长明灯。

3. 开关。电器、煤气开关应该设在显眼的位置，控制要方便、简单。卫生间的灯光开关最好有夜视功能，或选择带有光控、声控功能的灯。

4. 卫生间。淋浴间、浴缸、马桶旁及过道安装扶手，能最大限度地保证老年人的安全。有条件的家庭，可在适当高度安装报警器，当老年人发生危险时能在第一时间被家人知晓。

5. 床和沙发。床铺高低要适当，便于老年人上下床。床上用品要求保暖性要好，床单、被罩最好选购全棉材质。床垫最好选用稍硬的，软床垫对患有腰肌劳损、骨质增生的老年人尤其不利，常会使症状加剧。同样，沙发也不宜选用过于柔软的，否则会令老年人"深陷其中"，不便起身。

6. 门窗。最好采用推拉式门窗。装修时，门窗下部轨道最好嵌入地面，以避免出现高度差，形成障碍。门窗的把手、开关等部件，宜选用受力方便的"棒状"把手，尽量别用"球形"拉手。此外，应选择隔音效果好的门窗。

装扮花园式小阳台

曹新远

阳台，采光好、视野宽阔，如果将其装饰成小花园，那阳台就可以成为一个让老年人休闲的好地方。

阳台能不能布置好，不完全取决于面积大小。如果阳台面积小，可以栽种一些多年生的草本植物和爬藤类植物。如果阳台面积大，对栽种植物的选择范围就更广泛了，甚至可以做一些简易的园林造型，那就更美观了。

把阳台改造成一个小花房虽然比较容易，只要挑选一些漂亮美观的植物和田园风的铁艺家具就可以了，但是其中对花草栽种的搭配和摆放也是很巧妙的，否则其呈现出来的效果就会像野草一样杂乱无章。首先，阳台上栽种花草的地方，既要便于浇水和管理，又要使各种花卉都能充分沐浴到阳光。其次，花草的摆放也要有诀窍，通常有镶嵌式、垂挂式、阶梯式和自然式四种。"镶嵌式"一般用在已经装修而且面积较小的阳台上，利用墙壁镶嵌特制的半边花瓶式花盆，然后栽种观叶植物；"垂挂式"是用小巧精致的容器栽种吊兰等小型植物，然后将其悬挂在阳台顶板上，也可栽植藤蔓或其他有缠绕能力的观叶植物悬挂在阳台外；"阶梯式"就是制作一个摆放花盆的架子，可分几层，将各种花卉、绿植摆在上面；至于"自然式"就是因地制宜，视阳台具体情况布置景观。最后，再根据阳台面积的大小，摆放一些适合的桌椅。这样，一个温馨美观的阳台花园就装扮好啦。

阳台是让居室主人摆脱室内的封闭环境、呼吸室外新鲜空气的地方。将阳台布置成一个小花园，老年人可以每天在这里晒晒太阳、饮茶品茗、听书读报，度过一段美好的休息时光，多惬意呀。

福宝古镇：夜郎古道第一关

李传云

四川省泸州市的福宝古镇始建于元末明初，距今已有600多年的历史，到明末清初已"积众数百家，可为巨镇"，成为大漕河流域政治、经济、文化交流中心。古镇距泸州市合江县城42千米，是福宝国家森林公园的门户，也是集美景美食和历史文化于一体的旅游胜地，被誉为"夜郎古道第一关"。这里古朴的田园生活也受到了剧组的青睐，《傻儿司令》等电视剧都曾在此地取景拍摄。

古镇重文之风

"夜郎古道第一关"这个称号，对于福宝古镇绝非浪得虚名。在夜郎古道川黔交界处的轿子山上，建于清咸丰四年（1854）的武定门至今矗立在高高的峰顶，雄视着川黔两省的青山绿水。这座雄伟的古关门是四川边防要塞，也是拱卫福宝古镇的堡垒。

回龙街是福宝古镇的主街。青石板街面两旁是穿斗结构的木板壁青瓦屋，全长400多米的街道，随山势起伏，一眼望不到尽头。回龙街两侧有狭窄的九龙巷、刘家巷、包青巷、柴市巷、鸡市巷五条巷道。回龙街口立有"回龙桥"的匾牌。我伫立在匾牌

走出古镇一侧，火神庙已与青山为伍，这是古镇的最高点

古镇长街

一梯又一梯，拾阶而上

古巷里的安逸生活

旁，四下张望，却只见街不见桥。经当地人指点，我走入街边民宅，从后窗一看，才发现大漕河在下面穿街而过。原来，这桥即是街，街即是桥。

民宅主人告诉我：回龙街上，早年确有一座回龙桥，建于清道光二十年（1840），是大漕河福宝古镇河段唯一的石拱桥。桥面全用大青石铺就，桥栏杆中段镌刻一条飞龙。如今桥两侧建房开店，桥面也遗憾地成了街面。

古街上，以木门、花格窗、小青瓦为特征的民宅鳞次栉比，也坐落着大户人家的深宅大院，以及在古镇上地位相当尊崇的清源宫、万寿宫、土地庙、张爷庙、火神庙等庙宇。不同寻常的是，那些临街的豪宅和庙宇既没有高高的台阶、炫富的石狮，也未设显赫的朱红门扇，而是与普通民居墙挨墙、门靠门，建筑差异仅在于门脸稍大、门框以条石镶嵌；初看上去，似乎整条街的居民生活平等、贫富相当。

见我面露讶异，一位老人对我介绍道："福宝古镇的大院、寺庙，看起来不够气派，但这正是老祖宗充满智慧的规划。"因为古镇位于两山之间，高低起伏不断，若建筑物庞大，会挤占空间，而要保障其安全，还需付出更高的成本。更重要的是，民居、庙宇浑然一体，正体现出当地民众和睦相亲、祸福相倚的生活氛围。

历史学者的研究则道出了这种现象的另一成因：明末清初，福宝屡遭兵燹，人口锐减。清康熙末年"湖广填四川"，各地民众相继迁入，并置家庙以怀故土，因而形成了庙宇与民宅彼此镶嵌的独特格局。

走不远便是临街的张爷庙，这是

旧时屠夫的行业庙。从石材门框的正门进去，是一座古戏台底楼，戏台对面是大殿，原供奉主神张飞。相传，张飞从军前是屠夫，忠义勇猛，故被屠宰业敬奉。庙内现存的古戏台典雅美观，栏台雕刻细腻传神。

再向前走就是清源宫，这里最早供奉的是主持修建都江堰的李冰。门前的撑拱令我久久驻足：这是一截长不到一米、大土碗粗的木材，已被漫长的岁月熏染得呈乌黑色，但它通体雕镂的彩云流岚、楼台亭阁、花草鸟兽纹饰却精细逼真，犹如微缩的实景。

清源宫旁是一座挂有"文坛"匾

"三宫八庙"是古镇文化的集中体现

古镇花香

牌的院落，这是古镇先人崇尚文化的标志。文坛建筑曾遭焚毁，眼前的文坛是清光绪二十三年（1897）复建的，为木穿斗结构。当年，文坛的正堂设孔子牌位，供文人祭祀；正堂后面是白云堂，供当地文人品茗论文、吟诗作对。本地朋友自豪地告诉我，当年各地骚人墨客途经福宝，无论贫富，都会在此受到乡民的礼遇，并应邀授业解惑、传经布道。

与文坛相得益彰的是古镇的"惜字亭"。它坐落在一棵大黄桷树的浓荫下，建于清乾隆五十五年（1790），共有六层八方，高8米，每层每面均刻有各不相同的深浮雕图案。以商兴镇的福宝在建镇之初，富商大贾就尊儒重文，兴建了文坛等讲学场所，教育子弟后辈以考取功名为荣。士子们抄录书写的纸张也不能随意丢弃，而是要在惜字亭集中焚烧。

行至此处，我不禁兴起了感慨：福宝古镇文物古迹保存完好，一定与当地代代相承的重文之风有很大关系。

川南民居的凝固乐意

福宝古镇周围是大片平缓的河坝，而镇街却建在一条鱼脊形的山梁之上。碧波荡漾的大漕河三面护绕镇街，使整个小镇像是建在一个半岛的前端。古镇街道依山而建，随着山势

黎明时分的古镇

起起伏伏。一旦走进好客的居民家里，就会有更为新奇独特的体验：由于街道的最高与最低处落差可达70米，因此临街的吊脚楼，从街面看仅两三层，进屋后才发现，向下还有悬空的几层。当地也因此而有"走街如上山，回家如下山"的说法。

将镇子建在山岗之上，生活确有诸多不便，但福宝人却将此地当成了首选——这样可以不占农田，还可以御匪、防洪水。他们立体化地利用这有限的空间，打造出了不一样的建筑格局。

走到依山顺势的回龙街的中段，街面几乎垂直跌落数十级石阶，仿佛从峰顶跌落谷底，又好似交响乐从高潮归于沉寂。紧接着，石板路又蜿蜒而上，直达古镇尽头，也是古镇制高点的火神庙。

福宝古镇房居多为竹木建筑，因此要提高防火警惕性，为此当地居民将火神庙建在了古镇的最高处，让全镇人抬头即见。不仅如此，街道上还开凿了十多处水井，平时将水井用石板盖住，专供灭火之用。

火神庙完全用大青石砌筑。在远方起伏的山峦映衬下，栉齿分明的封火墙仿佛一幅清逸的古画。倚着火神庙前的石栏放眼望去，整个古镇一览无余：一座座穿斗木构、竹编泥墙、青瓦覆顶的川南民居，舒展的屋檐轻盈灵巧，白色的山墙起伏邻接。

以福宝民居为典型代表的川南民居，令人印象最深刻的就是白色的方格墙壁。这种工艺古朴的墙壁以竹片树枝为骨架，覆盖黏土、稻草、米糠混合而成的土层，表面再抹上石灰，被称为"编竹夹泥墙"。它和木构穿斗、覆顶青瓦的建筑形式结合在一起，成为川南民居的标志元素。

古镇最美的时刻还是清晨：晨光渲染中，高达数层的竹木吊脚楼依山临水一字排开，白底黑框的山墙犹如一张张棋盘。袅绕炊烟从林立的吊脚楼间升起，在黄桷树枝叶间萦绕，淡淡地飘散在河谷山坳。透过吊脚楼之间的间隙，隐约可见小巷里早起的路人。安宁与恬静的古镇，真有淡雅的水墨画意。白色墙壁与穿斗式木构架

随处可见的小雕刻

组合的山墙群，形成了朴素而鲜明的建筑韵律。这样的民居形态和格局将人与自然的关系演绎得如此和谐，无愧于"凝固的空间交响乐"的美称。

幸运的是，自明清以来，福宝古镇坚守着用传统工艺、材料修缮的原则，以最适宜的方式维持着古镇的生命力，从而使这些质朴却又典雅的民居风貌一直保存至今。

重返乡土中国

福宝老街上洋溢着从古至今形成的邻里之情、宽厚之气。当地人相互间的亲切平和，以及他们对外来人的包容接纳，这也许还与古镇独特的建筑形式有关。民居临街一面，通常是木板拼成的门（墙）。白天卸下门板，外屋就和街道融为一体了，公共和私密之间仿佛没有界限。一位老人诙谐地对我说，古镇街道就是大家的"起居室"。这样的格局，让左邻右舍的人们在串门时多了几分随意，多了几分同在一处屋檐下的亲切感。农耕时代亲厚的邻里关系，在这里仍有迹可寻。

在福宝古镇，不论你踱入谁家的小院，踏进哪家房门，都可以随意参观。纯朴的山里人，还会随和地配合拍照，乐于满足远方来客探幽的欲望。

福宝古镇文化源远流长，演灯戏、对山歌、打连枪、耍花灯、舞狮子等

民间艺术都很有观赏性，其中最具特色的是被著名美学家王朝闻誉为"难得的民间文化艺术珍宝"的福宝唢呐锣鼓。

镇里的吃食有着山野的芬芳。炊烟四起时，老街总会飘着炒菜的香味。随意走进一家饭馆，总能吃到黑豆花儿。它的色泽不像普通豆花儿那样洁白，入口之后也不那么细腻，但少了豆腥味，多了些纯粹的植物清香。

被浩瀚竹海包围的福宝古镇，自然也少不了竹笋。当地人物尽其用，开发了以清水笋尖、玉兰片等绿色食品为主的竹系列"熊猫宴"，让远方来客大快朵颐。福宝古镇的酥饼、豆腐干、油炸糍粑等小吃都有绝妙的滋味，早在清末就享誉川南黔北。尤其是初夏时节，游人还能畅饮新鲜梅子酿成的美酒。

福宝的饮食虽然未必精致，但其中蕴含着的浓郁乡愁，留在人们的齿颊之间，让人回味深长。正如古镇虽因地理位置偏僻而显得有些冷清，但它古朴清幽的气质却令都市人为之倾心。在年轻人纷纷离开家园，故乡不可避免地空心化的今天，福宝诠释着乡土中国本来的样子。

我正要恋恋不舍地离开古镇，却听到古街上飘出奶声奶气的读书声：

"床前明月光，疑是地上霜。……"我连忙找到那诵读的男童，跟他合了一个影：无论今后走到哪里，这娃娃定然不会忘记他的故乡。

晨曦，老街泛起别透的亮色

如梦如幻的巴音布鲁克

瓜棚主人

一场大雨过后，那拉提草原空气更为清爽，草原上的牧草更富生机。清晨，我们乘坐着景区的区间车前往被称之为"空中草原"的那拉提夏季牧场。眼前，一场大雨过后的景色更让人陶醉。沿途的山坡上，草色时深时浅，有翠绿有浅绿，如一块块地毯，有黄、紫、白各色野花开放其间。细看才知，草色浅处是因为牧民刚割过牧草的缘故。不时有三五成群的牛羊在坡上吃草，样子惬意极了。

太阳暖暖地照着，没有了寒冷，心境也好了起来。正当我们还在感叹眼前景物时，区间车停了下来，我们游览的目的地到了。出现在我们眼前的那拉提空中草原，真可谓一望无际，牛羊成群。令人称奇的是，昨天一场雨让我们今天看到了连绵的雪山，皑皑白雪映衬得整个草原更加壮美。同伴们有的激动得欢呼起来，有的摆出各种姿态拍起照来。是啊，对于我们这群一直生活在平原水乡的来访者而言，这样的景色多为初见，实在是太难得了。可陪同我们的导游小

石却吊起我们的胃口，说，巴音布鲁克大草原，比这儿更美，还有独一无二的天鹅湖和九曲十八弯。这下，让刚刚还兴奋不已的同伴们，一下子对巴音布鲁克充满了向往和期待。于是，匆忙拍照留影之后，来不及细细欣赏，便前往下一个目的地——巴音布鲁克。

一路之上，山路陡曲，颠簸得很。虽然有被伊犁人称之为母亲河的巩乃斯河一路相随，但是沿途还是让人觉得枯燥了一些。更叫人担心的是，当地司机驾驶技术实在一般，几次山腰弯道处会车都险些与迎面而来的车辆来个"亲密一吻"。可巴音布鲁克，那里有更好的草原，还有天鹅湖和九曲十八弯，面对如此诱人的美景，多几小时的颠簸也是值得的。

当我们到达巴音布鲁克小镇时，已是下午，导游小石安排我们先吃点东西再游玩。说实在的，我们大多数人，心早就飞到巴音布鲁克草原上去了。因为路况的原因，我们一行被分成四组，换乘当地人开的越野车前往

我们急切盼望中的目的地。为我这一组开车的许先生是个退伍军人，年轻干练，驾驶技术极棒，与先前那位司机真有天壤之别。许先生一边娴熟地驾着车，一边给我作介绍。从他的介绍中得知，巴音布鲁克，蒙古语意为"富饶的泉水"，它位于库尔勒市和静县的西北，伊犁谷底的东南，天山南麓盆地之中，东西长270千米，南北宽136千米，四周山体海拔2500米以上，总面积2.3万平方千米，为典型的禾草草甸草原，也是我国第二大草原。我还了解到，早在2600年前就有姑师人在这里活动，公元1771年，渥巴锡率领土尔扈特、和硕特等部举义东归，1773年他们在此定居。现在这里居住着蒙古、汉、藏、哈萨克等9个民族。

"看，天鹅！"我还沉浸在渥巴锡东归的情景之中，越野车上同伴惊喜的叫声，把我的思绪拉回到眼前。这是怎样的草原啊，一眼望不到尽头，茫茫然一片，近处的绿草与远处的雪山相连，中间的天鹅湖，碧水绿草，有白色的天鹅在其间时而振翅滑翔水面，时而展翅低空飞行。这一切，引得同伴们在草地上大声叫喊着，尽情狂奔着，有的还翻腾起来，展示着若干年前的技巧动作。大伙儿

早把一路的颠簸、一路的惊险忘却在脑后了。

在巴音布鲁克，我们第一个团体项目是骑马近观天鹅湖。当十多个人上得马背，在当地骑手的保护下策马扬鞭之时，同伴们兴奋的呐喊声早已响彻草原上空。见我们情绪高涨，那些保护我们的骑手更是来了劲头，索性跃马狂奔起来。在紧张刺激之中，同伴们有的狂叫，有的做着夸张的动作，自然也有的吓得胆战心惊，连连央求骑手放慢速度。我骑的是一匹黑马，马主人巴特尔告诉我，这是一匹赛马，是那达慕赛马大会5000米亚军。22岁的巴特尔是马队长，掌管着36匹马。当其他马竞相奔跑时，他一再跟我说，他的马不能向前，要在后面掌管整个马队的情况。我理解他，既为队长就得为整个马队负责。这样也好，可以让我仔细地领略巴音布鲁克的美景。

近处的草地上，那一串一串开着紫色花朵的是雪青，当你单个看它时会觉得并不起眼，然而当它们成片成片铺满草地时，你再看那紫色，便有如大海奔涌的浪潮，滚滚而来，似乎要将你卷入其中，那阵势不由你不心生惊叹。再看那些龙胆花，比雪青更不起眼。但在绿色苍茫的巴音布鲁

克，开着细碎白亮花朵的龙胆花，恰似散落蓝天的星斗，密密麻麻，难以数计，放眼望去，颇为壮观，让人再也不敢小看，不敢忽视。

天鹅湖近在眼前，天鹅离我们似乎远了一些，不能近观，这难免让人有些遗憾。不过，好在这些"大鸟"还算给面子，并不是一味卧于草丛，不时从湖面飞起，让我们这帮远客能欣赏到它们展翅飞翔的英姿。其实，在草丛之中观天鹅也自有其妙。你看，蓝色的开都河流淌至此，水草变得繁茂，绿草丛中的白天鹅很是好看。再往远处看，整个天鹅湖被白雪皑皑的天山环抱着，给我的感觉是：此景疑是在仙境，人间哪得几回寻。这种感觉到了九曲十八弯就更强烈了。

从天鹅湖继续乘越野车前行约30分钟，九曲十八弯便出现在我们面前了。但见一条长水，有如艳蓝色的丝缎，那般长长地悄然无声地飘逸于前，极自然地形成了一道道弯儿，柔至极，谧至极，不得不让人屏住呼吸，凝神静气品读。九曲十八弯的水和水中植物都是静静的，人只能远看那优美流畅的弧线，如一曲妙曼的乐曲，一首灵动的诗。此时，我是不去妄想置身其中的了。原因极简单，我

不愿因世俗之身破此仙境。这里的纯，这里的静，容不得世俗之气。人不能置身其中倒好了，真是仙境了。

远观那弯弯的水道，那几乎静止的水道，暂且抛却尘世间的一切俗务，远离平日里的烦躁，忘记自己从哪里来，忘记自己将回哪里去。我的心归于宁静，我的身躯归于自然，一切从眼前消失，有的是如梦如幻的、那艳蓝色的长水……

就在我如痴如醉欣赏着九曲十八弯仙境一般的美景时，返程的时间到了。回到越野车上，我抑制不住内心的兴奋，和驾车的许先生说，巴音布鲁克真是太美、太神奇了。听到我赞美他的家乡，许先生自然开心，他告诉我说，这里很快就要建水力发电站了。我听后一愣，问道："在这里？"许先生似乎看出了我的担心："不必担心，政府是有考虑的，九曲十八弯景观会保留的。"我心底无端地一沉，与现代化的水力发电站相伴随，九曲十八弯还会是原来的九曲十八弯吗？游人还能从中领略到大自然赋予九曲十八弯原本的东西吗？我遗憾，又一大自然对人类的馈赠即将离我们而去了。巴音布鲁克，愿你永留我的梦中。

坎昆：迷人海滩与玛雅金字塔

侯朝阳

在加勒比海沿岸，有一座美丽的海滨城市因为雨后彩虹而闻名——坎昆。在玛雅语中，坎昆的意思是"挂在彩虹一端的瓦罐"，被玛雅人认为是欢乐和幸福的象征。坎昆拥有度假胜地所必需的一切要素：热情似火的阳光、洁白细腻的沙滩、摇曳的棕榈树和隐藏在密林中那失落已久的玛雅文明。

一旁是游人齐聚的美丽海滩，另一旁是失落的玛雅遗迹，颓败的废墟中隐藏着无尽的故事，遥远神秘的玛雅文明被埋葬在残垣断壁之中。在坎昆，历史与现实被完美交融在一起，展现在人们的眼前。

迷人的加勒比海滩

初到墨西哥，我就见识了极度耐

坎昆迷人的海岸线

旱的仙人掌、香醇的龙舌兰酒和大檐草帽等太多的标志性元素，这里是美洲文明的诞生之地。而坎昆，这座墨西哥著名的国际旅游城市，它位于加勒比海北部，尤卡坦半岛东北端。该城市三面环海，风光旖旎，拥有世界公认的十大海滩之一。

但在40多年前，坎昆还是一个仅有300多人的僻静小渔村，居民以捕鱼为生，安居乐业。20世纪70年代，墨西哥政府借助坎昆优美的自然环境，决定发展旅游业。为此兴建了大批基础设施，制定了"玛雅世界"的旅游规划。坎昆由七个小岛连接而成，上面有三个潟湖，林荫大道与大陆相连，20多千米长的海岸线水清沙白……美丽风光使投资者络绎不绝，宾馆、饭店和购物娱乐中心环岛伫

立。坎昆已跻身于世界一流的旅游城市之列。

几十年来，世界各地的游客纷纷慕名而来，在这个静谧的休闲胜地享受着光浴沙浴、自然和人文风光，潜水和冲浪则是年轻人喜爱的水上运动。当地旅游服务业蓬勃发展，经济一片繁荣。

在坎昆20多千米长的海岸线上，遍布着74家大型国际连锁酒店，每家酒店都拥有自己的私家海滩。游客不用出酒店，就能直接享受到加勒比海洁白的沙滩与热情的阳光。

美丽的白沙滩上，铺满了由珊瑚风化而成的彩色细沙，如同波斯绒毯般细腻柔软。这里的沙滩被分别命名为"白沙滩"、"珍珠滩"、"海龟滩"和"龙虾滩"，形象而生动。

奇琴伊察古建筑群

海滩上种满了高大的棕榈树，具有浓郁的热带风情。

这里还随处可见一些用石头搭成、用棕榈叶做顶的玛雅式凉亭与小屋，充满了神秘的异域色彩。游客们随时都可以坐下来歇歇脚，在沙滩上尽情享受加勒比海的阳光。身旁微风习习、树影婆娑，如同天堂般的美丽景色与轻松随意的气氛，感染着每一个在这里度假的游客。

我们来到海边的火烈鸟大酒店时，已是午夜时分，大堂里灯火辉煌，游客们人头攒动，一片繁忙景象。站在宽大的落地窗前向外望去，夜色下的加勒比海水色浓如墨，银色的月光洒在海面上化为点点星光，随着海浪的翻卷，天空中回荡着轰鸣的涛声。

度假酒店

醉人的海滨之夜

坎昆有着世界上最美丽的海滩。那蜿蜒曲折的海岸线上，无垠的沙滩洁白如玉，银光闪烁。这宛如白雪的茫茫沙滩，是由珊瑚风化而成的细软沙粒组成的，茫茫白色，绵柔如绸。在阳光照射下，沙滩上那些五颜六色的贝壳，随着潮起潮落的海水翻卷流动，闪着朦胧的莹光。

远处，天水一色的浩瀚海面上，烟波浩渺，涟漪荡漾。一艘艘游艇在海上穿梭而过，风中扬起点点白帆。成群的海鸟在空中发出阵阵啾鸣，掠过海平线飞向云端。

坎昆的海水清澈见底，没有任何杂物的侵蚀，海面不见一丝的混浊。海床是由珊瑚质累年堆积而成的石灰岩构成，在年复一年的岁月里，海水被净化得极为洁净。随着海床的延伸和光照强弱的变化，水面依次呈现出不同的颜色，由水晶般的冰蓝到碧绿的孔雀蓝，再到青金石的靛蓝和墨水般的黑蓝色，层次分明、斑斓变幻。

玛雅文明的遗迹

在坎昆附近，还有很多饱经沧桑的玛雅遗迹，奇琴伊察就是这其中保存最完整、规模最大的玛雅古建筑群之一。在玛雅语中，"奇"的意思是"口"，"琴"的意思是"井"，"伊察"则是当年居住在这里的印第安部族的名称，合在一起就是"伊察人的井口"。这些玛雅人当年的圣井，如今则成了潜水爱好者探险的好去处。

奇琴伊察遗址中还有闻名世界的库库尔坎金字塔，在玛雅语中"库库尔坎"指带羽毛的蛇神，是当地风调雨顺的象征。库库尔坎金字塔是奇琴伊察古城中最高大的建筑，九层叠建的金字塔四周各有91级台阶通向塔顶的神庙。神庙内有一尊美洲豹的石头雕塑，雕塑双眼用玉石雕刻而成，活灵活现，体现了玛雅人精湛的工艺技巧。

库库尔坎金字塔

玛雅文化

图卢姆遗址

虽然经过了几百年岁月洗礼，作为新七大奇迹之一的库库尔坎金字塔依旧雄伟伫立在世人面前。玛雅人对数学几何非常精通，整个金字塔在其精妙的设计下显示出了神奇的效果。每年春分和秋分这两天的日落时分，金字塔北面的边墙都会在阳光照射下形成弯曲的三角形的影子，连同金字塔底部雕刻而成的蛇头，宛如一条巨蛇从塔顶向大地缓缓游动，而附近巨大天坑的水面上荡漾着神奇莫测的波纹，象征着羽蛇神库库尔坎在这一天苏醒。这个持续3小时22分的神秘景象，也被称为光影蛇形。

在坎昆，古老而神秘的玛雅文化与当地独特的风土人情、神秘与现实完美地交织在一起，打动着每一个到这里来的人。

图卢姆遗址坐落于尤卡坦半岛东北部，距离坎昆市区130千米。图卢姆遗址盘踞于加勒比海沿岸崖边，是玛雅人最后的海边城邦，那雕刻精致的卡斯蒂约古城大神殿，遗留着玛雅文明盛世的踪影。遗弃了城市而移居村落的玛雅人为何一夜之间销声匿迹，至今仍是个不解之谜。

在半岛北部的胡阿雷斯港口，来自四面八方的游客依次登上"坎昆"号豪华游艇。汽笛长鸣，船离码头，迎风破浪向深海驶去。船尾飞溅的一串串浪花，在海面上画出了一道优美的弧线。渐渐远去的沙滩上，呈金字塔状的南北会议大厦巍然耸立，高大的棕榈树、玛雅式的凉亭、雪白的沙滩、蔚蓝的海水，像一幅绚丽悠然的水墨画卷，横亘在天地宽阔的云海之间。

北边，是薄云笼罩的女人岛。在

柔韧的沙滩和茂密的热带植被中，著名的月亮女神像静静地伫立其中。传说早年在这里发现了玛雅女性陶质神像，女人岛因而得名。在这个世外桃源的海岛上，人们可以在海里近距离地观赏海豚、海龟、珊瑚等海洋生物，体验着人与大自然亲密接触的愉悦。

黄昏时游轮返航，夕阳落下，红彤彤的晚霞编织成艳丽的锦缎，染红了半边天际。波涛汹涌的海面上，燃烧着一片橘红色的光焰，金光闪烁的浪花，簇拥着向岸边依次涌去，流光溢彩，涛声回响。

海岸上，鳞次栉比的楼宇沿岸耸立，射灯和霓虹灯竞相绽放，洒落在辽阔无垠的海面上，倒映出流光溢彩的迷人景色。璀璨的灯火，就像一串串晶莹剔透的珍珠，镶嵌在暮色苍茫的海岸线上。

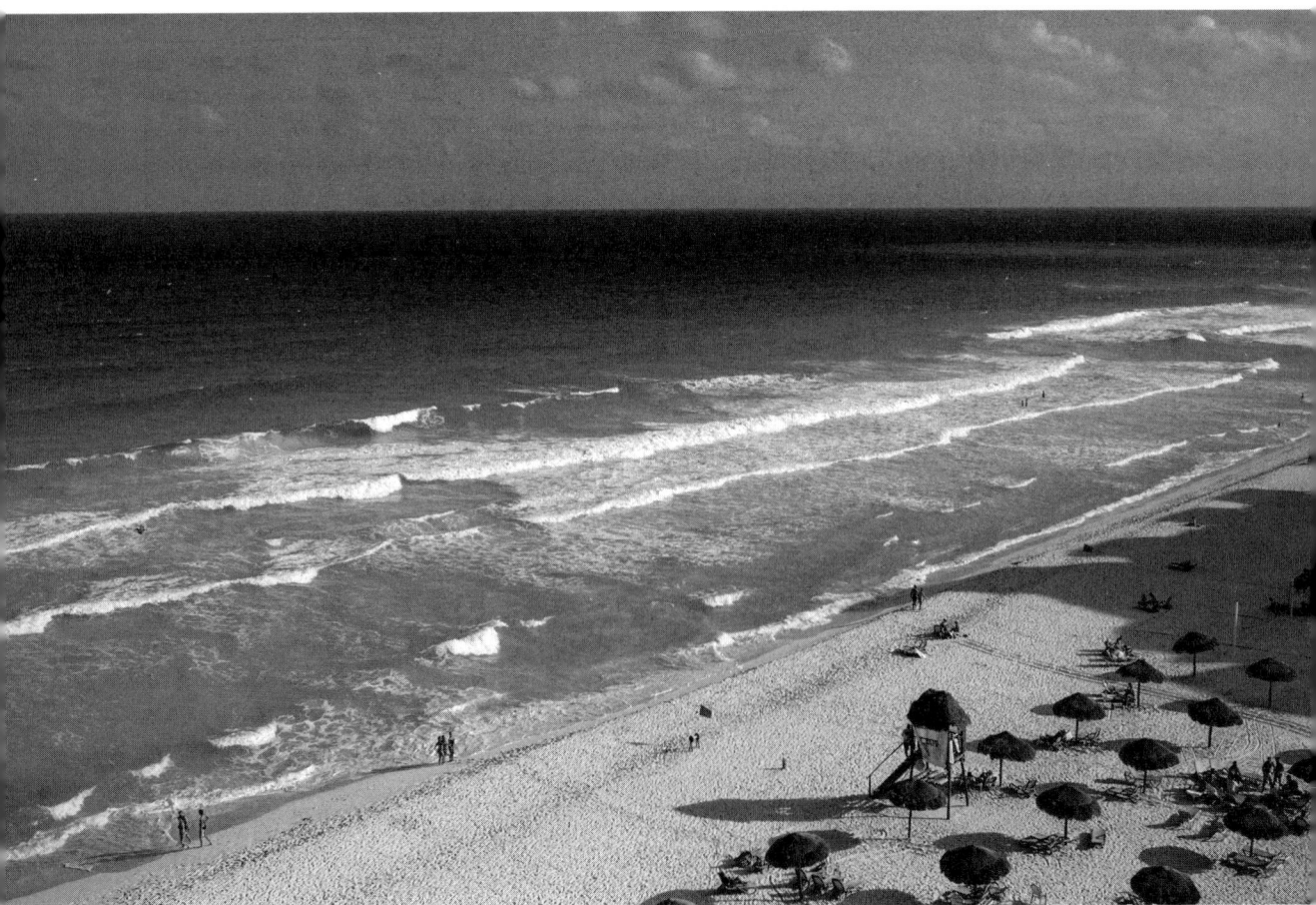

坎昆女人岛

沉醉镜泊湖绚烂的光影

颜士州

镜泊湖国家地质公园位于黑龙江省牡丹江市宁安市境内，东临绥芬河，南接吉林敦化，低山丘陵地貌，夏季凉爽宜人，冬季冰雪覆盖。它以秀丽的湖光山色、壮观的地质地貌，以及丰富的自然生态环境闻名于世。

火山堰塞湖

早听说，在牡丹江上游宁安市境内，有一个我国最大的火山堰塞湖，这里景色奇秀，也是东北地区的旅游和避暑胜地。秋日里，我一到宁安市，当地就安排了一位刘姓向导接待我，安排我在湖畔的镜泊山庄住下。第二天我跟在刘向导后面，奋力攀上镜泊湖西岸的老黑山，俯视波平似镜、银光闪闪的湖面，真是心旷神怡。

从山上看下去，镜泊湖的形状是狭长的，沿东北向西南方向延伸，被东岸的老爷岭和西岸的张广才岭所挟制，面积约90平方千米。下山以后，刘向导带我坐游艇去游览了吊水楼瀑布等湖中八大景观。一路上刘向导还兴致勃勃地给我讲了许多相关的民间传说。

镜泊风光

吊水楼瀑布

当我们来到湖水北部出口处的瀑布旁边时，雷鸣般的轰响震耳欲聋。我在来此地之前，曾看过关于镜泊湖的资料。原来在距今约一万年前，在湖西北数十千米外曾经有过火山活动。从火山口和地壳裂缝喷溢出大量的熔岩流，自西向东顺着山坡流下来，流进牡丹江古河道，堆积成一道巨大的堰堤。堰堤堵塞住江水出口，才形成镜泊湖。但滔滔江水不甘心自己被俘，它像一把利斧，沿着熔岩堰堤上部的裂缝不断切割深入，天长日久，终于冲开一个缺口，江水直泻而下，形成宽数十米、落差有12米的吊水楼瀑布。瀑布飞流喧哗，水花四溅，真是壮观极了。刘向导大声告诉我，要是按照湖泊的成因分类，镜泊湖属于堰塞湖。

随后，刘向导又陪我去参观了湖畔的水产养殖场和发电厂。镜泊湖出产鲫鱼、鲤鱼、鳜鱼和大白鱼等40多种鱼类，尤以盛产鲫鱼驰名东北。因为常年较低的水温，加上沿湖森林茂密，给河流带来大量的腐殖质，浮游生物繁多，因此鱼类生长迅速，且肉质含有丰富的脂肪和蛋白质，曾被作为贡品进献宫廷。在养殖场吃午饭时，我尝到了这种鲫鱼，肉嫩味鲜，果然名不虚传。

地下森林

我们坐车继续往西北行驶，直到林区公路终点站才下车，这里距离镜泊山庄仅仅45千米。刘向导又约了在林区工作的老卫与我们同行。老卫带着猎枪和粗绳，和我们一起钻进原始森林。我们时而走在软如毛毯的枯枝落叶上，时而又像跨鞍马似的跳

过横七竖八的倒木。突然，在我们前面平缓的坡地上，出现了一个锅盆似的大深坑。刘向导让我拉住坑沿的树干引颈下望。嗬，好深呀！只见坑里的树木也是密密麻麻的。原来这里是地下森林。更叫我吃惊的是，刘向导说，拦腰截断牡丹江和造就地下隧道的熔岩流，就是从这里流出来的。想不到这个地方，以前还是气势凶猛的

地下森林

火山口！这一带共留下7个火山口。奇怪的是这些火山口的开口方向都朝南，这样，就为火山口内的树木生长提供了充足的阳光。据说火山灰十分肥沃，许多动物的粪便又起了播种和施肥的作用，经过漫长的岁月，终于形成这样7片幽深茂密的地下森林。这7个火山口直径50～500米，深40～145米，我们脚下这一个还算是比较小的呢。

老卫把绳子的一头缚在坑沿的树干后，我们三人就拉着绳子的另一头，小心翼翼紧贴着悬崖爬了下去。到了阴湿的坑底，他们两人如数家珍地向我一一介绍看到的各种植物。我早先在大、小兴安岭看到过的红松、落叶松等主要树种，在这儿都能找到。同样，坑里也生长着胡桃楸、水曲柳和黄波罗等珍贵树种，树下有杜鹃、野玫瑰等灌木丛，还有一些像山葡萄、猕猴桃之类的攀缘或藤本植物，缠绕在其他树上，铺在最底下的是苔藓和蕨类，还有100多种中草药材隐藏其中。

人迹稀疏的地下森林也是野生动物的天堂。为了安全起见，在我们下坑之前，老卫已放枪把野兽吓跑。我经过他们的指点，一路上认识了不少动物的粪便和足迹，最多的是悬羊粪和野猪粪。所以当地人也把火山口称作"羊圈"或"猪圈"。

从坑底爬上来后，老卫对我说，在我国已知的火山口中，有这样葱郁的原始森林是极为罕见的，因此它们具有很高的科学研究价值。

江中鹭岛

回到镜泊山庄，我准备同刘向导告别了。他笑着劝我不要心急。他说，就在镜泊湖北面不远的牡丹江中，还有一个奇异的鹭岛，他刚去过，愿意再陪我去看看。我听了真有说不出的高兴。

鹭岛在海林市三道镇边安村。经过一段短短的旅程，我们来到牡丹江岸边。鹭岛的形状像个半圆，岛长只有500米、宽100米，但在岸边已经

能看到有不少鹭鸟在小岛上空盘旋翱翔。我们借了一艘小船过江，登上鹭岛。岛上灌木丛生，野草高过膝盖。奇怪的是鹭鸟一点也不怕生，一只只平静地站在树枝上，昂首挺胸，好像在欢迎我们。我仔细一数，哟，仅在一棵树上就排立着31只鹭鸟！我兴奋地和刘向导一起开始进行观察。我们

欢快的苍鹭

发现全岛有37棵高二三十米的老榆树，其中20棵树上有鹭巢，有8棵树上的鹭巢超过10个。算下来，小岛上共有鹭巢165个，鹭鸟千余只。在一些老榆树的枝条和绿叶上，已经积下厚厚一层白色鸟粪，可见它们在这里安家落户已经很久了。

仔细观察，岛上的鹭鸟嘴长、颈长、腿长，身高近1米，下身白，上体灰，头顶上还披下两条灰色的长翎，仿佛清朝大官帽子上戴的花翎，十分漂亮。刘向导说，它们都是清一色的苍鹭，同鹤类一样都属于大型涉禽，而且是鹭科中最大的一种。它们往往能长达数小时伫立在江边浅水处，等待捕食路过的鱼、蛙等，所以还有"长脖老等"的俗称。别看它那副呆相，一只苍鹭一天能吃100多条小鱼呢。苍鹭一般都把巢营造在丛生芦苇、大树顶端或绝壁岩石上。每巢可产3～6个卵，卵形和颜色像鸭蛋。双亲共同孵卵育雏，孵卵期约3个星期。喂雏时，幼鸟将嘴伸入"父母"的嘴里，取出已咀嚼过的半消化食物吞食，经过50多天后，它们就能离巢自飞了。

我问刘向导，为什么在这座不显眼的小岛上，会生活着这么多苍鹭？他沉思着说，几十年来，当地老乡一直遵守着一条不成文的规定：不采岛上石，不砍岛上树，不打树上鸟，不拿巢中蛋。这就使岛上的苍鹭得以在良好的自然环境中繁衍下来。1983年，鹭岛被列为省级自然保护区。

临走前，一大群苍鹭又欢叫着飞上天空，像是在和我们告别呢。

"花粉过敏症"不可小觑

霍寿喜

春回大地，万物复苏。各种各样的"花粉过敏症"也悄悄随之而来，令人生出烦恼，甚至坐卧不宁。

春季容易引起花粉过敏的多为种子植物，以构树、蓖麻、地肤、法国梧桐居多，这些植物的花粉具有"量大体积小"的特点，在空气中含有较高的比例。而我国多数地区春季里多风，风起的时候，花粉更容易传播。研究表明，花粉中含有的油质和多糖物质被人吸入后，可被鼻腔黏膜的分泌物消化，随后释放出十多种抗体，如果这些抗体和入侵的花粉相遇，并大量积蓄，就会引起过敏。

随着生活水平的提高，花粉过敏患者的比例也不断增高。人们摄入了更多的鸡蛋、肉制品等高蛋白、高热量食品，导致体内产生抗体的能力亢进，遇到花粉等抗原时，就更容易发生变态反应。

花粉过敏症的主要症状是流鼻涕、打喷嚏、流眼泪、浑身痒，由于这些症状是由"看不见、摸不着"的花粉引起的，患者自己常常也感到莫名其妙。这里提醒大家，在春季外出的过程中，如果身上突然发痒，或出现以下症状，很有可能就是得了花粉过敏症。

（1）感觉鼻子特别痒，突然间连续不断地打喷嚏，喷出大量鼻涕，鼻子堵塞。这是"花粉性鼻炎"的症状。

（2）感觉喉咙不适，先发生阵发性咳嗽，呼吸有困难感，吐出白色泡沫样的黏痰；而后，突然发生哮喘，并越来越重；过一会儿，所有症状完全消失，跟正常人完全一样。这极有可能是"花粉性哮喘"。

（3）感觉眼睛发痒，眼睑肿起来，有水样或黏液脓性分泌物出现，这是"花粉性结膜炎"的典型症状。

预防花粉过敏症，最直接、最有效的办法就是外出活动要"因天制宜""因地制宜"，少在风大的晴日外出，少在花、树等过敏源多的地方驻足。春季外出活动，最好选择春雨霏霏之时或过后，此时，空气中的花粉已经被雨水彻底淋走，空气湿度较大，风速则较小，自然不可能染上花粉过敏症。

不良习惯加重体内湿气

伊羽雪

老年人生活方式不健康，湿邪就容易入侵。它无孔不入，而且从来不孤军作战，总要与体外的邪气里应外合，纠缠不清。湿气遇寒成为寒湿，遇热则成为湿热，遇风则成为风湿。

一、有湿气的信号

如何判断身体里是否有湿气？看看身体是否有这5个症状，就能作出判断：

1. 总觉得身体沉重，浑身不清爽，腿像灌了铅；

2. 满面油光，毛孔粗大；

3. 舌苔很厚；

4. 大便黏腻，马桶总冲不干净；

5. 体形肥胖，大腹便便。

以上这些信号都与湿邪的特点有关。湿性重浊，所以感受湿邪后，会觉得全身非常沉重，好像被什么东西捆住了一样，不清爽。又因湿性趋下，容易侵犯人体下部，故双腿沉重尤为明显。湿性黏滞，停滞于大肠，则大便总是很黏腻。

二、哪些行为毁坏了体质

湿邪已经成为绝大多数疑难杂症和心脑血管、糖尿病等慢性病的源头或帮凶。人之所以会感受湿邪，跟生活方式息息相关，也就是后天行为毁坏了我们的体质：

一是"病从口入"，饮食结构不合理，摄入了过多的高热量食品，比如油炸食品、含糖饮料、酒精饮料等，且三餐分配不合理，晚餐过于丰盛；二是运动明显不足，一天中大部分时间都坐着，或看电视或看手机或看杂志。久而久之，湿邪入侵体内。

三、远离湿邪要做到这些

预防湿邪，首先，饮食结构应以谷类为主，粗细搭配，多吃蔬菜水果和薯类，可常喝薏米红豆粥健脾利湿；其次，身体越懒越要动，以利于祛除湿邪；最后，夏天别长时间待在空调房内，要适量出汗，给湿邪以出路。

警惕糖尿病性神经病变

杜立敏

王女士80多岁的母亲，患糖尿病已有十多年了。前段时间，老人总是不自觉地摇头，或是愣住不动。问她怎么了，老人却一副懵懂的样子。经过医生检查诊断，最终才确定是糖尿病性神经病变惹的祸。

人们对于糖尿病性神经病变的印象多停留在肢体麻木等异样感上。其实，神经遍布全身，任何部位的神经都可能发生病变，引起的症状也多种多样，糖友在出现莫名症状时，一定要提高警惕。

糖友血糖控制不佳就可能导致慢性神经病变，从而导致一系列的不典型症状，如脑部神经的功能紊乱，从而导致其出现不自觉摇头、突然发愣等症状。不过糖友也不能一出现异样就怀疑是神经病变，应从最常见的病症开始排除。比如，在确诊神经病变之前，一定要去相关科室排除帕金森、动脉硬化、维生素D缺乏等导致的神经功能紊乱情况，结合糖尿病病情以及神经肌电图等检查来弄清楚病因。

此类慢性神经病变还可能出现在其他身体部位，如心脏、膀胱、胃肠道等。糖友如出现某些症状按照常见病治疗效果不佳，尤其是本身血糖控制不好时，一定要注意神经病变的可能，及时找医生确诊。

纸剪情深

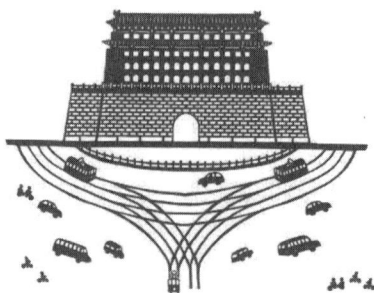

箭楼

孙学铭作品

滋养好"五力"老得慢

姚扶有

衰老对所有人来说都是一个沉重而不愿面对的问题，可是自然规律无法改变，岁月可曾饶过谁？人到了40岁，身体便开始走下坡路，衰老的速度也会变快。然而，现实生活中总有一些人看上去会比同龄人显得年轻。原来这些比同龄人老得慢的人，往往养得以下"五力"，我们不妨学习一下吧。

一、滋养好手握力

手握力是衡量人体整体力量和寿命的可靠指标。因为人的许多基本动作，如抬、拉、扯、拧、抓等都与握力有关，如果握力强，完成这些动作就会比较容易，生活质量也会更高。美国国家老龄化研究所、哈佛大学医学院等多个机构，在美国老年医学期刊发表联合研究报告指出，65岁以上男士手握力低于26千克，女士低于18千克，即代表握力弱。

手部肌肉的强度主要体现在手腕的力量以及手的握力上面，这些锻炼在家中就可以进行。

1. 空手抓握。从字面上不难理解这个动作的锻炼方法。将两手伸直，握拳后立刻放松，将五指伸直，再握拳，再放松，重复。由于这部分的肌群不是很大，所以不需要负重即可达到一定的强度，一般用次数来做一个分界。比如，空手抓握60下后你就觉得酸到不行，那就休息1分钟再做一次60下，如此重复3组。次数依据每个人的状况不同自行做增减，原则上就是以会酸痛为主，尽量做到不能再做为止。

2. 指卧撑。用10个指头着地的方法做俯卧撑。这是锻炼握力和腕力的第一步。在这一环节上坚持的时间越长效果会越好，但大家要量力而行。

3. 提重物。可以通过提重物来锻炼手部的力量，如果身边有专业的器具，例如杠铃、哑铃等，可以通过提这些东西来提高手部力量，如果没有这些专业道具，在平时可以通过提大瓶矿泉水等来改善手部力量，提高握力。

4. 握力器锻炼。经常使用握力

器，可以锻炼我们10根手指的肌肉力量，保持手指力量与灵活性的协调。增强握力，简单来说就是锻炼我们的手劲，能够增强手部肌肉的血液循环，以保持各个关节的血液流通，可以有效地预防关节炎、手臂麻痹症等相关疾病。一是在使用握力器之前，一定要做好充分的准备运动，将各个关节都活动开来，以微微出汗为宜。二是使用握力器时，收紧双肩，保持手臂不动，手指抓住握力器用力收紧，达到极限后保持3秒，然后再慢慢放松。放松后再次马上用力收紧手指，如此循环。三是将每次锻炼分为4～5组，每组要做的次数为自己能做的最大次数的70%～80%。

二、滋养好咀嚼力

咀嚼力是以咀嚼效率来衡量的。咀嚼效率是指机体在一定时间内，将一定量食物嚼碎的能力，是咀嚼作用的实际效果。随着年龄的增长，咀嚼效率下降，牙齿的磨耗逐渐明显，牙尖、边缘嵴、窝沟形态发生改变，剪切功能下降，咀嚼效率降低。牙体的缺损、牙列的缺失导致上下颌牙齿的功能性接触面积减少，也导致咀嚼效率降低。由此可见，养好咀嚼力首先必须养护好牙齿，掌握养护牙齿的方法便能达到非常好的效果。

1. 鼓腮漱口。每天早中晚刷牙过后，做30次闭口、鼓腮、漱口的动作，然后把舌头左右转动，这样就会使唾液分泌增多，从而冲洗和刺激牙面、牙缝和口腔黏膜，达到清洁口腔、保持牙齿健康的目的。

2. 牙龈按摩。每次刷牙后，洗净右手，将食指放在牙龈黏膜上，来回移动按摩数次，结束后漱口。

3. 温水或茶水漱口。牙髓神经尤其是有磨损、牙本质暴露的牙龈对温度敏感，温水对牙龈来说是一种天然保护剂，茶水含氟，常用温热茶水含漱，可护齿防龋、治牙痛。每天吃完饭后，用温水或茶水漱口，可有效增强牙齿的抗酸防腐能力。

4. 叩齿咽津。每天晚上临睡前或早上起床时，将上下牙齿相互叩击30次左右，并将产生的津液吞下去。这样就能刺激牙周组织，改善局部的血液循环，让你的牙齿更加坚固。

5. 转舌按摩。翻转舌尖，将舌尖紧贴牙龈，进行360度旋转。先对外侧牙龈进行按摩，再对内侧牙龈进行按摩，每次进行30～60次。

6. 适度咀嚼高纤维食物。经常咀嚼纤维素含量高的食物，如粗粮、杂粮、蔬菜等，锻炼口腔肌肉及咀嚼能力，使牙齿坚韧结实不易松动。充分咀嚼可以按摩牙龈、擦洗牙面，改善局部营养，促进牙齿健康。

三、滋养好听力

美国约翰斯·霍普金斯大学医学院研究发现：听力好的老年人，比听力受损的同龄人更长寿。在接受调查的近1700名年龄在70岁以上的美国老年人里，存在听力损失的人在未来的几年里死亡的可能性要比正常人高出21%～39%。听力障碍会使老年人避免外出、减少社交活动、脱离现实生活，这会在一定程度上造成他们身体健康状况变差，记忆和思维技能下降，进而导致死亡风险提高。因此，日常生活中养好听力至关重要。

1. 远离噪音源。尽量远离如鞭炮声、KTV、广场舞、机器轰鸣声等具有强噪音的环境。

2. 正确佩戴耳机。喜欢戴内置耳机听歌、听戏、听评书的人应遵循"两个60"原则，即音量不超过最大音的60%、连续听的时间不超过60分钟。

3. 饮食助力听力。缺锌是导致老年性耳聋的一个重要原因，平时可以多吃富含锌的食物。另外，镁的缺乏也易导致听力减退，不妨多吃绿色蔬菜、坚果、豆类食物，以及水产品等，有助于改善内耳营养，预防听力下降。

4. 经常按摩耳朵。耳为宗脉所聚，是一个全身器官，全身脏腑、躯干、四肢在耳朵上都有相应的反应点，身体的疾病在相应部位有异常反应点，按摩耳朵对全身脏腑有刺激调整作用。对异常反应点的刺激，对慢性疾病还有辅助治疗的作用。在家看电视，在外走路，应养成按摩耳朵的好习惯。一是鸣天鼓。天鼓者，指耳中之声。两手掌心紧按两耳外耳道，以第二指压中指上，然后从中指上滑下、弹击脑后两骨，共60下。无论何时何地，闭目养神之时鸣天鼓，既可以增强听力，又可以缓解脑疲劳。二是振耳道。两手食指指面按压耳道，一按一放，快速振动，使耳道内产生振动，并传至大脑，每次5～10分钟。或是用食指塞耳窍，压耳门，然后骤放数次。可增强听力，醒脑通窍，能防治头晕、耳鸣、耳闭、脑鸣等疾患。三是旋摩耳轮。以两手掌自上而下按摩耳郭，然后水平方向按摩耳郭前面和后面，以耳部感觉发热为度，每日2～3次。有清脑、醒神、聪耳的作用。

四、滋养好腿脚力

双腿是身体的交通枢纽。两条腿上有人体50%的神经、50%的血管，流淌着50%的血液，是连接身体的大循环组织。只有双腿健康，经络传导才畅通，气血才能顺利送往各个脏腑，特别是心脏和消化系统。腿部肌肉强劲的人都有一颗强有力的心脏。日常生活中试试这6个方法，可以"人老腿不老"。

1. 单腿站立。鹤谓长寿鸟，在动物园的鹤笼里，除了走动的鹤，其他鹤都是保持一只脚站立的。鹤有许多强大的天敌，它们必须保持高度的警惕，而鹤的腿脚细长，无法长时间承受身体的重量，所以它们只好在睡觉或者休息的时候，用一只脚站在地上，另一只脚收缩起来休息。过一会儿，再换腿。鹤的长寿与这一独特的生存方式紧密相关。因此，锻炼单腿站立可以增强身体的平衡能力，对心脑血管病、高血压都有调理的作用，还有滋养五脏、提高免疫力的作用。此法很简单，只要将两眼微闭，两手自然放在身体两侧，任意抬起一只脚就可以了。建议每天早、中、晚做3次单腿站立。

2. 干洗腿。双手紧抱一侧大腿根，稍用力向下摩擦到足踝，然后再往回摩擦到大腿根，如此重复按摩36次，另一侧腿也用同样的手法操作。这样子按摩可以使关节灵活，腿部的

肌肉力量也会增强，还可以预防小腿的静脉曲张、水肿，以及肌肉萎缩。

3. 甩腿。一只手扶树或扶墙，一条腿站立，抬起另一条腿，让大腿与身体、大腿与小腿呈直角状，然后绷紧脚尖使劲往前甩动小腿，再使劲往后甩，如此甩动60～100次。另一侧腿也用同样的动作甩动。如此可以预防下肢痿弱无力、小腿抽筋、腿麻木等。

4. 揉腿肚。两手掌握紧小腿，旋转揉动，每侧揉动36次，两腿交换揉动6遍。此法可以疏通小腿的血液循环，加强腿的力量，防止腿脚酸痛乏力、抽筋等。

5. 扳足。采取坐位，两腿伸直，两脚尽量往前伸直，低头、身体前屈，以两手扳足趾60次。锻炼一段时间后，低头幅度可以加大，以头部触及双腿为佳。此法可以增强腿脚和腰部的力量，防止足部软弱无力，同时可以提高腰腿部的柔韧性，有效预防摔跌损伤。

6. 搓脚心。所谓搓脚心，主要是揉搓脚心的涌泉穴。先将两手掌搓热，然后用手掌揉搓两脚脚心各100次。此法具有滋肾水、降虚火、镇静安神、疏肝明目等作用。可以防治高血压、眩晕、耳鸣、失眠、足部痿弱

酸痛、麻木浮肿及下肢痉挛等病症。

五、滋养好肺活力

肺在五脏中的地位非常重要，据《黄帝内经》中所说，肺被称为"相傅之官"，拥有三大功能，即主气、主肃降、主皮毛。主气意味着肺不仅是呼吸器官，还能将呼吸中的气转化为全身的一种正气和清气，输送到全身。主肃降是指肺可以调节人体的气机，肺循环是其重要的机制，它能够使人的气机传输到全身，也可以将体内的体液传输到全身各处。肺的肃降和宣发是密切相连的，所以肺还起到通调水道的作用。主皮毛指的是全身表皮都有毛孔，毛孔也叫气门，是气出入的地方，都由肺来主宰。所以当皮肤毛孔受寒邪入侵时，肺往往首先受到侵犯。另外，呼吸主要通过鼻子进行，所以肺也与鼻子有着紧密的联系。

以下是两种呼吸吐纳的姿势，有助于滋养肺活力：

1. 深呼吸。呼吸太短促，空气无法深入到肺底部，导致换气量小；呼吸不足以满足正常频率下的通气需求，这会导致体内二氧化碳累积，脑部缺氧，出现头晕乏力的症状。经常练习深呼吸还有一个好处，即可以多吸入氧气，排出二氧化碳，提高血液中的氧气含量，促进有氧代谢，从而达到养肺的目的。深呼吸不是急促地呼吸，是深吸慢呼，吸到吸不动，呼到没什么可呼的。做呼吸练习时，把眼睛轻轻闭起来，嘴巴也轻轻闭着，脑袋里不要想事，姿势不限。深呼吸练习，每天30分钟，注意不要在睡前练习，其他时间都可以，早上较好。体质虚弱者，做深呼吸会比较累，可以分两个时间段练习，每次10～15分钟。

2. 腹式呼吸。腹式呼吸可以最大限度地扩张胸廓，使更多的氧气进入肺部，使肺底部的肺泡得以伸展，从而提高肺活量，改善心肺功能。通过降低腹部压力，还有利于降低血压。站立时上半身竖直，双肩放松，两脚分开与髋部同宽，体重均匀分布在双脚上。如果是坐姿，上半身直立，双腿弯曲自然下垂，小腿与地面垂直，双手放在大腿上。如果是仰卧位，需平躺在床上，上臂自然伸直。闭住嘴巴，从鼻腔吸气，深吸使腹部隆起，然后屏住呼吸3～10秒，接着张口缓慢呼气。腹式呼吸一般选择空腹或饭后2小时进行，如果出现头晕等不适症状，立即停止；每次时间不能太长，一次20分钟比较好。做的时候注意呼吸要缓慢，忌吸气过快。

防治"骨刺" 保养是关键

钱 伟

春暖花开，昼夜温差大，湿度高，因关节疼痛而来骨科就诊的中老年患者明显增多。在这么多病人中，引起关节疼痛最常见的疾病是骨关节炎，也就是老百姓常说的"骨刺"或"骨质增生"。这是一种退行性关节疾病，发病部位以膝关节为多见，严重影响行走与活动。骨关节炎的发病率随着年龄增加而增高，据统计，在60～75岁人群中发病率超过50%。俗话说，"病是三分治，七分养"。这句话在骨关节炎的防治方面尤其明显。

骨关节炎患者的自我预防和保健措施有很多，如控制体重，给关节减负；防寒保暖，外出锻炼时可适当佩戴护膝等防护用品；适度锻炼，选择适合自己的锻炼方式，尽量避免跑步、登山、爬楼梯等剧烈运动，选择游泳、散步、骑自行车等对膝关节负担较少的运动。通过这些措施，可延缓骨关节病的进程。

关节疼痛明显的患者需在医生的指导下使用药物，如消炎止痛药物、口服软骨营养剂、关节腔注射透明质酸钠等，肿胀、疼痛剧烈的关节还可有针对性接受关节腔封闭治疗。

药物等保守治疗无效的患者可以进一步选择外科治疗。骨关节炎急性滑膜炎发作或并发游离体、半月板损伤的患者，可采用微创技术的关节镜下关节腔清理手术，给关节做一次大扫除，从而达到缓解疼痛、延缓关节破坏的目的。

骨刺的产生会给人们正常的工作、生活带来巨大的不便，像颈椎、腰椎、膝关节、脚踝、指关节、肘关节等常用关节都是容易形成骨刺的部位，因此在生活中都要格外留意。如果对病情不加以控制，后果将不堪设想。颈椎病、坐骨神经痛、腰椎间盘突出症、膝关节炎等都将成为骨刺发展中出现的并发症。

得了骨刺的中老年朋友要对关节进行日常保养，这样才能够防止骨刺的进一步恶化，下面是几个基本的注意点。

避免久站、久坐。久站或久坐会加重关节的负担，加速关节软骨的磨损。若无法避免久站、久坐，一定要适时起身活动筋骨，伸懒腰或倒杯水都是有帮助的。

合理科学的饮食。平时多注意营养摄取的均衡性，多吃绿色蔬果。口味不宜太咸、太辣，杜绝油腻，少抽烟、少喝酒，良好的饮食习惯对预防骨刺有很大助益。

控制运动强度。一般来说，骨刺患者要尽量避免上下楼梯、搬动重物，以及长时间下蹲、站立、跪坐、爬山及远途跋涉等较剧烈的、对关节有损伤的运动。要想达到锻炼的目的，可选择游泳、骑自行车、做关节体操等关节负重较轻的运动，帮助关节康复。必要时可利用护膝、手杖、步行器等进行运动辅助。

选对鞋，穿好鞋。我们都知道高跟鞋对于关节的健康会产生不利影响，但这并不意味着平底鞋就是最佳的选择。因为穿平底鞋行走时，体重会过多地压在脚后跟上，时间久了，上传的冲力会使足跟、踝关节、膝关节、髋关节以及腰部等感到不适。所以，最好选择质地松软、鞋底有弹性的鞋，如坡跟的休闲鞋，这样可以减轻体重对关节的冲击，降低对关节软骨磨损的影响。

摄影天地

张丽英摄影作品

老年人失眠与用药

李德志

失眠主要是由于大脑皮层的抑制功能减弱或兴奋功能增强造成的。老年人失眠的特点：易睡，但是很早就醒，醒后不易再睡。人到了老年，由于新陈代谢减慢及体力活动大大减少，所需睡眠时间也会随之减少，有的人一个晚上睡5小时左右就够了。引起失眠的因素很多，归纳起来有以下3种：

（1）环境因素，如噪音。

（2）心理因素，如思虑过多。

（3）身体因素，如疼痛等。

老年人睡眠浅、时间短，这不是病态，不需治疗，也不必服用安眠药。如有失眠症，必须服用安眠药时也要节制，并应注意以下几点：

（1）严格遵医嘱服用，不要自己随意增加剂量。一般剂量宜小，不宜大，以免中毒或产生副作用。

（2）疗程要短，不宜过长，免得服药成瘾。

（3）不要固定用一种药物，应交替使用、间断用药，以免药物在体内蓄积而引起中毒。

（4）睡前半小时用温开水服药，以增加药的吸收。服后立即上床，以免药物发生作用站立不稳而摔倒。

（5）停药前要逐渐把药量减下来，不能突然停药。如果已经服安眠药成瘾，可咨询医生后用其他安眠药取代，然后再逐渐停药。

（6）停药以后部分病人会出现多梦，发生这种情况不要继续服药，应建立信心，坚持停服。

心血管病人生活中的"四个不宜"

宁宾新

一是不宜进食过饱。

美食面前人们往往会大快朵颐，但患有心血管疾病的人要注意，饱餐常常会诱发心脏病导致猝死。因老年人胃肠功能减退，如饮食过饱，可能会导致上腹部长时间饱胀，挤压心肺，影响心脏"泵血"功能。同时，消化食物需要大量的血液集中到肠胃，回心血量减少，导致心肌相对缺血，这样易引起心肌梗死。因此，中老年人吃饭要吃七八分饱，晚餐更应吃得少，避免暴饮暴食。

二是不宜过度节食。

有人认为高脂肪、高胆固醇的食物对心血管不好，因此饮食中拒绝食用肉蛋等。长此以往，会造成营养不良性贫血，不仅不利于心脑血管的健康，还会诱发心绞痛。这种心绞痛用药物难以控制，只有增加营养，才能缓解。因此，冠心病患者节食应适可而止。

三是不宜左侧卧位睡觉。

左侧睡姿不可取，因左侧卧位时肝脏与肺部对心脏形成压力，加重心脏活动负担，可引起心脏病发作。因此，睡姿最好是采取右侧卧位或平卧位，这样既不会压迫心脏，又有利于四肢的放松休息。

四是不宜吸烟酗酒。

烟酒的危害人人皆知，但嗜烟酗酒者仍不在少数。香烟中含有大量的尼古丁、焦油等有害物质，在进入人体后会破坏血管内壁细胞，使胆固醇和甘油三酯在血管壁上堆积，从而诱发动脉粥样硬化。吸烟还能促进体内儿茶酚胺的释放，使心率加快、血压增高，加重心脏负担，诱发冠心病急性发作。常年吸烟会使脑组织呈现不同程度的萎缩，易患阿尔茨海默病（老年痴呆症）。这是因为长期吸烟可引起脑动脉硬化，日久会导致大脑供血不足，神经元变性，继而发生脑萎缩。过度饮酒会导致和加重冠状动脉粥样硬化，会诱发冠心病。因此，要戒烟限酒。

春季养阳三原则

卜庆萍

春季养生，重在顺应春天阳气升发、万物始生的特点，注意保护阳气，要从多方面进行养生。

一、夜卧早起，调养精神

春季养生，既要力戒暴怒，更忌情怀忧郁。要做到心胸开阔，乐观愉快。多到户外散步，舒展身体。饭后、睡前适当散步，消食化气，无思无虑，身心得以休养，神清气爽。但在初春尤其要留心，乍暖还寒，还需视天气增减衣服，预防春瘟发生，适当"春捂"很必要。春季正常睡眠尤为重要，应坚持夜卧早起，遵循"天人相应"。

二、适量运动，循序渐进

春季养生应加强锻炼，即所谓运动调养。要到空气清新处，如公园、广场、草地、树林、河边、山坡等环境舒适的地方，散步、慢跑、打拳、做操等，形式不拘。尽量多活动，使阳气升发有序，阳气增长有路，符合"春夏养阳"要求。年老行动不便者，趁风日融和、春光明媚之时，可在园林亭阁处，凭栏远眺，以畅生气，但不可默坐，免生郁气，碍于舒发。锻炼时需注意，经过冬季运动"低潮期"，人体肌肉松弛，关节、韧带僵硬，中枢神经、内脏系统功能相对较弱，故要循序渐进，运动前做好准备活动，防止外伤。

三、合理饮食，清淡为宜

值得一提的是，春季多喝粥是不错的选择。可在早餐或晚餐中进食一些温肾壮阳、健脾和胃、益气养血的保健粥，如鸡肝粳米粥、韭菜粳米粥、猪肝粳米粥等。

春季养生五"不"

谢芳菲

俗话说得好，"一年之计在于春"。中医认为，春分后身体气血刚开始升发，如能运用春天自然界"发陈"之时，借气血升高、身体基础代谢充沛之机，选用科学的养生方法，可获得事半功倍的实际效果。

而春天也是皮肤病、心脑血管疾病、呼吸系统疾病、消化道疾病等的多发期，因此，保健养生对中老年人而言至关重要。

专家提出春季养生五"不"标准。

不湿

老人居住的房间每日要通风，被子和衣物要保持干燥、透气性好。多穿比较宽松的全棉衣物，可防止产生湿疹。此外，不要在湿冷的地区锻炼，运动出汗后要立即擦拭。

不酸

初春饮食搭配应"省酸增甘"。因初春原本肝阳上亢，若多吃酸性食品，易造成肝火过度充沛，而肝旺非常容易损害肠胃，因此，春季饮食宜少酸。应多服用辛温健脾之品，可以多吃山药、春笋、西兰花、红枣、苋菜等，也可用淮山药、薏仁米、小米、莲子、红枣等熬粥，加少量白糖当正餐食用。

不冰

春天气候时冷时热，要遵照"春捂"之说，不适合立刻脱掉棉服，要遵照"下厚上薄"的标准，先把上衣外套减去一些，裤子可晚一些减，下半身宁热毋冷，以助养气血。特别是患慢性支气管炎、肺气肿的老年人，早春时要尽可能使身体"不冰不寒"。

不静

初春，大自然开始生发，老年人应当抓住这一特性，勤"动"勿"静"。春季是温补肾阳的最佳季节，而温补肾阳的关键是"动"。老年人应积极主动到户外进行适当的锻炼。春练时间不宜过早，应在日出后外出锻炼。锻炼前应喝些温开水、牛乳、蛋汤等。

不怒

春天是肝阳亢盛之时，易心浮气躁。因此，要保证心胸宽广，身心和谐。心情压抑会造成肝气郁滞，导致免疫力低下，也非常容易引发精神疾病、肝脏疾病、心脑血管疾病等病症。

十项养肾方法

董 宁

一是护好自己的双脚。

足部保暖是养肾的一种方法。这是因为肾经起于足底，而足部很容易受到寒气的侵袭，因此，足部要特别注意保暖。另外，足底有许多穴位，如涌泉穴。"肾出于涌泉，涌泉者足心也。"每晚睡觉前可以按揉脚底涌泉穴，按摩涌泉穴可起到养肾固精之功效。

二是大便要畅通。

大便不畅，宿便停积，浊气上攻，不仅使人心烦气躁，胸闷气促，而且会伤及肾脏，导致腰酸疲惫，恶心呕吐。因此，保持大便通畅，也是养肾的方法。大便难解时，可用双手手背贴住双肾区，用力按揉，这样可激发肾气，加速排便。行走时，用双手背按揉肾区，可缓解腰酸症状。

三是饮水养肾。

水是生命之源。水液不足，则可能引起浊毒的留滞，加重肾的负担。因此，定时饮水是很重要的养肾方法。

四是有尿不要忍。

膀胱中储存的尿液达到一定程度，就会刺激神经，产生排尿反射。这时一定要及时如厕，将小便排干净。否则，积存的小便会成为水浊之气，侵害肾脏。因此，有尿时及时排出也是养肾的方法之一。

五是吞津养肾。

经常吞咽口中的津液（口水）可以滋养肾精，起到保肾作用。

六是饮食保肾。

能够补肾的食物有很多。除了黑芝麻、黑木耳、黑米、黑豆等黑色食物可养肾外，核桃、韭菜、虾、羊腰等也可以起到补肾养肾的作用。

七是睡眠养肾。

充足的睡眠对于气血的生化、肾精的保养起着重要作用。临床发现，许多肾功能衰竭的患者有过度疲劳、睡眠不足的经历。因此，不要熬夜，养成良好的作息习惯，早睡早起，有利于肾精的养护。

八是避免劳累。

劳累会伤气力、脑力。因此，老年人做家务或体力劳动时一定要量力而行，劳作有度。这样才有助于养肾护肾精。

九是警惕药物。

不论中药还是西药，都有一些副作用，有的药物常服会伤肾。所以在用药时要提高警惕，要认真阅读说明书，需长期服用某种药物时，要咨询相关专家。

十是运动养肾。

生命在于运动。通过适当的运动养肾纠虚，是值得提倡的积极措施。

链接：有助于养肾纠虚又简单易学的运动方法：

两手掌对搓至手心热后，放至腰部，手掌贴向皮肤，上下按摩腰部，至有热感为止；可早晚各一遍，每遍约200次。此运动可补肾纳气。

书画园地

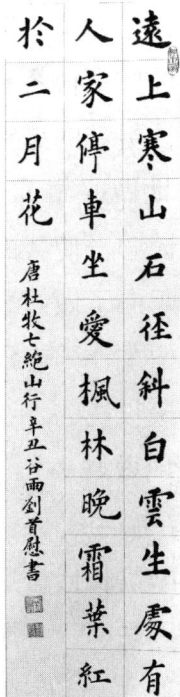

刘首慰作品

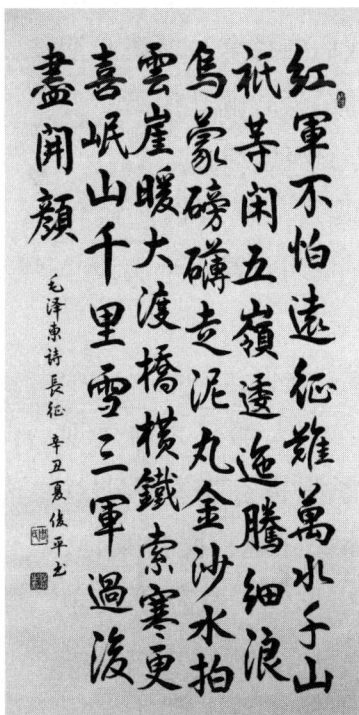

周俊平作品

回忆参军那年谈心的往事

别世芳

我第一次接触"谈心"这个词，还是在48年前。

那是1976年2月，我参军入伍，在新兵连集训结束被分配到高炮团机关警卫排二班的第一次班务会上，班长郑重其事地对我们说："从今天起，我们就在一个班里工作、学习、生活了。大家虽是一个班里的战友，但难免会磕磕碰碰闹点小矛盾。毛主席教导我们，要开展谈心活动，这个方法最好。所以，我们要经常开展谈心活动，有了矛盾通过谈心解开疙瘩，没有矛盾通过谈心交流思想。"

谈心？和谁谈？怎么谈？谈什么？懵懂之中，我期盼着第一次谈心的到来。

记得那时候，我们这些新兵个个都想争取进步，人人都努力地表现自己。平时除了积极参加军事训练以外，班里打水、扫地、照看菜地、归置物品等细小事情，我们都是争着抢着干。这些事情，被负责管理全班内务卫生的副班长看在眼里、记在心里。

在一个风清月明的晚上，副班长把我叫到营区后的松树林中坐了下来。他亲切地对我说："世芳同志，你入伍来到部队快3个月了，我们谈谈心吧。谈心就是说说心里话，说说交心话。"我目不转睛地看着副班长频频点头，非常虔诚地聆听着副班长对我讲话。"今天我就说说你们新战士争抢出公差和干杂活这些事吧。我认为这些事你们做得都很对，但出发点不能只是为了出风头争表扬。一个人做一件好事很容易，难的是一直坚持下去，更难的是在人的背后做好事，默默地做好事。"副班长与我和风细雨地谈心，使我的内心掀起了波澜，让我明白了做好事不能只是图名图利，要像雷锋同志那样，甘当无名英雄。副班长说的"在人的背后做好事，默默地做好事"，这句话被我牢牢地铭记在心中了。

我与副班长谈心后不久，有一天轮到我夜里站岗。上岗之前，我发现紧接着我站下一班岗的战友感冒了，到了交岗的时间了，我不忍心叫他起床带病站岗。于是，我连续站了两班岗。虽然身体很累，但我却没有一点怨言。下岗后我悄悄地钻进被窝，听着身边战友不太顺畅的鼾声慢慢地进入梦乡……

我们刻苦训练轻武器瞄准射击两个多月后，警卫排组织实弹射击预考，让我们新战士体验一下实弹射击的感觉。我信心满满，自我感觉良好，认为打靶得优秀没有问题。可是，我由于心里紧张连班里预期的"良好"成绩都没有达到，感到非常沮丧，心中一直闷闷不乐，晚饭也吃不下去，满脸都是愁容。"世芳，咱们去操场走走，谈谈心吧！"我回头一看，见是班长在向我招手，我立即向班长跑过去，边跑边回答："是！"

我与班长肩并肩地漫步在我们团部机关的操场上，班长缓缓地对我说："实弹射击意外情况很多，比如说，有时受风向风力影响，新战士首次打靶缺乏经验就容易偏靶；有时受心理情绪影响，新战士首次打靶比较紧张，因呼吸不稳就打不准。你是不是有点紧张啊？"我说："第一次参加警卫排实弹射击是有点心慌，听见旁边战友的枪一响，我心里就更加紧张了。""这就是你的问题所在。下次

实弹射击时记住，不要紧张，稳住呼吸是关键。"班长的话让我吃下了"定心丸"。果真，在正式实弹射击考核时，我打出了10发子弹96环的优异成绩，在全排新战士中名列第一。

作为一名新战士，我与许多战友一样，经常会遇到这样那样的问题，但是，每一次遇到问题后，我的问题都能在谈心中得到解决。这使我慢慢地体会到，谈心真是一个好方法，它能够让我在部队里不断地成长、成熟，把自己淬炼成为一名合格军人。

那一年，我在部队年终工作总结时荣立了三等功，并被高炮团司令部党支部确定为党员发展对象。在年终工作总结后，我们警卫排张廷义排长找我谈心。他对我一年来取得的成绩给予了充分肯定，同时，对我身上存在的问题也是不留情面地直接指出。他的话语虽直，出言也狠，但我却很爱听，全都接受，因为我非常喜欢部队这种"谈心"的谈话方式。

时光如梭，岁月如流。38年军旅生涯，恍如昨日，是军营这个大熔炉的铸炼，抒写了我从军的光辉岁月。如今，我虽然已是一名军休干部，但是当年这三次谈心的往事却始终铭记在我的脑海里，难以忘记。

那些年，流淌在心底的喜欢

张亚凌

打捞儿时的记忆，喜欢的源头应该是玻璃纸。

玻璃纸是包裹一种水果糖的纸，透明，有着不同颜色与图案。捏在手指间，轻轻摩擦，会发出声响，声音脆而亮，一点都不拖泥带水。夹在书里压得看似平平展展，然而浅浅的折痕永远无法处理掉，倒像诉说着曾与糖块相亲相爱的故事。

"嘘——"有人竟然说，玻璃纸清洗后用灌着开水的瓶子在上面反复滚动就没折痕了。一洗？还再一烫？那糖的甜味儿不就淡了，没了？我才不会那么傻。

在孩子们看来，玻璃纸最好的用途就是夹在书页间，夹得书页都有了甜味儿。不信？闻闻。

其实很多孩子的玻璃纸都是讨来的。就像我，拥有10张图案不同、颜色各异的玻璃纸，却没吃过一颗玻璃纸包裹着的水果糖。我的玻璃纸是小红给的，她也是说尽好话死皮赖脸从别人那里讨要的，只因她知道我喜欢又得不到。

玻璃纸包的糖，是条件很好的人家才会买的稀罕物，大多数孩子能吃到的是红薯熬成的老糖——从家里偷出几个红薯就可以换一块。家里日子差不多的，偶尔也会买几个用甜萝卜做成的糖解解馋，比红薯老糖好吃多了，但一定远远不及玻璃纸包裹的糖。坦白地说，我常吃红薯老糖，偶尔也吃甜萝卜做的糖，可从来没吃过用玻璃纸包裹的糖。

玻璃纸上的图案又帮我们乡下孩子打开了一个现实中遥不可及的世界，想象趁机而入，连带着掀起收集玻璃纸的热潮……

对着太阳举着玻璃纸，那图案就很清晰地映在地上、墙壁上，甚至某人的脸上。没玩具的年代，一张玻璃纸也可以花样翻新地玩，还玩不够。

喜欢的河流向前流淌，我喜欢上了红梅家，还有红梅妈。

红梅家里每个物件都摆放得整整齐齐，连同她自己也被母亲打扮得漂漂亮亮的。

那么大的院子，种着各种花，养

着各样草，哪像我们的家，有点空地就想着种菜，永远都想着嘴，跟吃较劲，没出息。她家是青砖铺就的庭院，连砖缝里都那么干净，更不像我们的家，每个犄角旮旯都堆放着暂时或永远都派不上用场的东西，啥都舍不得扔。我妈最喜欢说的话就是："烂套子都有塞窟窿的时候。"

红梅爸在银川工作。在我们都将父亲喊"大"时只有她叫"爸"，那甜甜亮亮的"爸"一出口，她已高高在上成小公主了。红梅妈说话总是轻声细语，见人未答言先是笑，不像我们的妈，说话自带高音喇叭，扯着嗓门就怕全世界人听不见，说个话，也像挥舞着斧头砍人，或乱箭齐发。

我说"我们的家""我们的妈"，因为20世纪80年代的农村，大部分家庭都差不多。因贫穷而过于节约，啥都舍不得丢弃。父母们辛苦劳累却又解决不了温饱，心情总不舒坦，自然就少有好声色。

我特别喜欢去红梅家，都想给红梅妈做闺女，若她肯要我的话。在那个时候我就想，倘若我有了自己的家，有了自己的孩子，就要活成红梅妈那样。

喜欢的河流继续流淌，我遇到了一个小气的人，初中时第一个同桌，姓秦。

那会儿课桌间距离很窄，进出时坐在外面的同学必须起身站在过道，里面的人才能顺利通过。我坐在里面，我的秦同桌从来不会站起来让一下，每次进出我都要很抱歉地挪一下后排的课桌才能从他身后挤过，再挪好人家的桌子。又或许不是小气，是傲气。他是从城里转回小镇的，而我是从村里看西洋景般进入小镇的。那时，从村里来的我们被小镇孩子叫"乡胖子"，我们反过去喊他们"街流子"。"街流子"看不起"乡胖子"也是情理之中的事。

"然而——""然而"会霸道地打破所有平衡。

在我们大多数人都是一周才回家用洗衣粉洗一次头的那会儿，他身上一直有股好闻的香味儿。很抱歉，我那一刻只能这般含糊地表述，我是一年多后才知道有个词叫"香皂"，那是香皂味儿。

我喜欢上了那淡淡的香味儿。也一直有种窃喜，全班，或许全校，只有我在嗅觉贫乏的年代一直零距离地闻着香皂味儿，尽管香味儿的主人让我很不方便，对我也不友好。

世上的事都这样，有利就有弊，不能忍受就没机会享受。

在我们的生命里，有很多或轻轻浅浅或浓浓烈烈的喜欢，似乎无关今天的痛痒，却让我们不会回忆起来心无所依，一片空白。

又说错话了，这些喜欢怎会与今天无关？

今天的我能专注于寻觅一切细微的美好，哪怕遥不可及，这多像拥有玻璃纸的过程，而带给我的那种真切的愉悦，不正像对着太阳举着玻璃纸映出影儿时的欢喜？

今天的我能忍受很多，再糟糕再恶劣的情形都不能让我绝望与放弃，不浪费时间不敷衍事情，自然也常收获到意外之喜，这不就是同桌的坏脾气与香皂味儿的混合？

今天的我努力提升自己，以飞奔的姿势来陪伴孩子，给他一个值得学习的榜样、一个较舒坦的成长环境，不就源于儿时对红梅家与红梅妈的心心念念？

那些泛滥在心底的喜欢啊，在我，是修复，更是滋养。

摄影天地

孟大铮摄影作品

追车记

——抚今追昔映发展

王 越

那是30多年前，20世纪八九十年代，我在天安门东边南池子大街北湾子胡同的东城区物价局工作，住在西四环外的玉泉路往南的小瓦窑，每天上下班往返乘车，路上要3个多小时。尤其是冬天，天亮得晚黑得早，基本是顶着星星出门，戴着月亮回家。那个时候交通可不像现在这么方便，地铁线路少，私家车更不盛行，出行基本靠公共汽车，但公交车辆线路少，车里乘客多，我们这些上班族每天追车赶路是常态。

早上8点上班，我6点半从家出来都怕晚，那时候地铁一号线只通到西单，可我上班的地点是天安门东的南池子，还有两站路程。记得有一次，为了追赶刚停靠站的4路公交车，我出了地铁从楼梯爬上来就飞奔向车站，脚踩到了前面赶路的小伙子的脚后跟，把他鞋踩掉没有我没看见，可我自己重重地摔了个大马趴，西装衣袖子上的三个扣子扯掉了两个。路边的人看到这情况忙喊住小伙子，才发现我摔倒了的小伙子忙回身走向我问"你没事吧"，并委屈地嘟囔着："是她踩到我……"是啊，我踩到人家脚后跟，分明是我追尾，怎么能怨人家。还好，我也年轻抗摔，于是顾不得疼，一骨碌爬起来，拍拍身上的土说："没事没事。"又接着追车去了。

还有一次是在冬天的一个晚上，我加班后回家，天已傍黑，出了南池子口眼看前面一辆57路公交车要进站（那时候57路途经长安街）。穿着小高跟靴子的我紧跑几步，眼看车门要关上，我一着急，脚底一滑，来了个四脚朝天，横躺在马路上，后脑勺着地，顿时觉得脑袋"嗡"一下，眼睛鼻子里好像都有液体在翻腾。还好售票员在关门的一刹那发现了我，马上又打开后车门，一边问我："上不上，上不上？"我二话不说，拍拍裤子摸摸头登上了车，惊魂中，听到旁边座位上的两位中年大姐议论着："亏得年轻，要是上岁数这一摔真够呛！"

那时候公交公司多种经营，北京城市郊区路上跑的私营小公共汽车也很多，司机与售票员都是个体户，素质良莠不齐，车票价钱比大公共汽车稍贵，但是车多方便，偶尔大家出行也乘坐。记得有一次，我从西单地铁站出来赶公共汽车，正好来了一辆小公共汽车，我刚迈上一条腿，突然听到售票员说天安门东站不停。我正犹豫要不要上，突然感觉脚下一晃，司机给油发动了汽车，正向后退的我身子不稳一下摔坐在地上。看着继续向前飞驰的小公共，车站等车的行人一下火了，纷纷高喊："停车！"只见小公共汽车在100米外停下来，车上探出女售票员半个身子问我："上来吗？上来吗？"这时，摔在水滩边衣服裤子都黏湿的我狼狈地摆摆手，尴尬极了，好像做错事的是我一样。

小公共汽车又扬长而去。路边一位年龄比我大几岁的姐姐说："你应该上车，让他赔你20元钱，起码把弄湿的衣服拿去干洗。"我没有说话，心想，能行吗？我还要赶路上班，要警察出面调停吗？对于我们这样家教严谨的孩子，息事宁人是处理问题的最好办法。但是这件事一直让我铭刻于心，"耿耿于怀"了30年。

还有一次经历更是"有惊无险"。我女儿出生后，我把她送到北京郊区的亲戚家看护，每天下班，我要到西五环边的亲戚家陪女儿吃饭、玩耍，给她讲故事直到她睡觉后才返回西四环的家中。记得那年深秋初冬，晚上9点多钟，冷风飕飕，我从亲戚家出来，村子里行人已稀少。快走到村口时，前面60米开外大马路上一辆中型轿车驶过，车上开着车窗，里面人影恍惚。我以为是小公共汽车，一边高喊停车，一边飞跑过去。汽车开得很快，等我跑到马路边上，已经开出近百米的车终于停了下来，探出一个男人的脸，向我喊着："上来吗？"我犹疑地问："是小公共汽车吗？"他不回答我，只问我："上吗？"我坚持问："是小公共汽车吗？"轿车一溜烟儿开走了。事后我跟家人说起：这车一定不是小公共汽车。那时城乡接合部地区居住人口比较复杂，三教九流都有，现在想想都后怕。

现在我的女儿也到了我当年追车的年纪，值得欣慰的是，她不用再像我从前那样追车赶路。因为现在有站台引导员帮你跟司机沟通。管理混乱的个体运营小公共汽车也已经被取缔了。现在人们出行有私家车、地铁、公交车，交通线路四通八达。巨型电动公交车"大1路"横贯东西长安街十多千米，上班族、学生和来京旅游的外地人，每天听着票务员像电视台播音员一样解说着长安街沿线的京城名胜古迹与现代化摩天大楼交织的市容市貌与人文环境，也是一种享受。乘客在站台等车时可以通过电子屏幕看到进站的车次的具体时间，手机地图导航也能看见实时公交到站时间，方便乘客事先安排规划出行线路和时间，这大大缩短了出行时间。30年前听说未来公交站牌可显示车距离进站还差多久，当时不敢相信，现在已经完全实现了！更可贵的是，数据输送是通过我们的北斗卫星在太空连接的。军人、残疾人、老年乘客还可免费乘坐，普通市民使用公交卡乘车票价可以打5折，大大节约了出行成本。这一切的变化，都体现了科学的进步和社会福利的提高，人民的幸福指数在提升。

科学进步引领现代交通工具与设施的发展变迁，我们看到了祖国建设的飞速发展，各行各业成果日新月异，气象万千。抚今追昔映发展，我们要倍加珍惜现在的好生活。

摄影天地

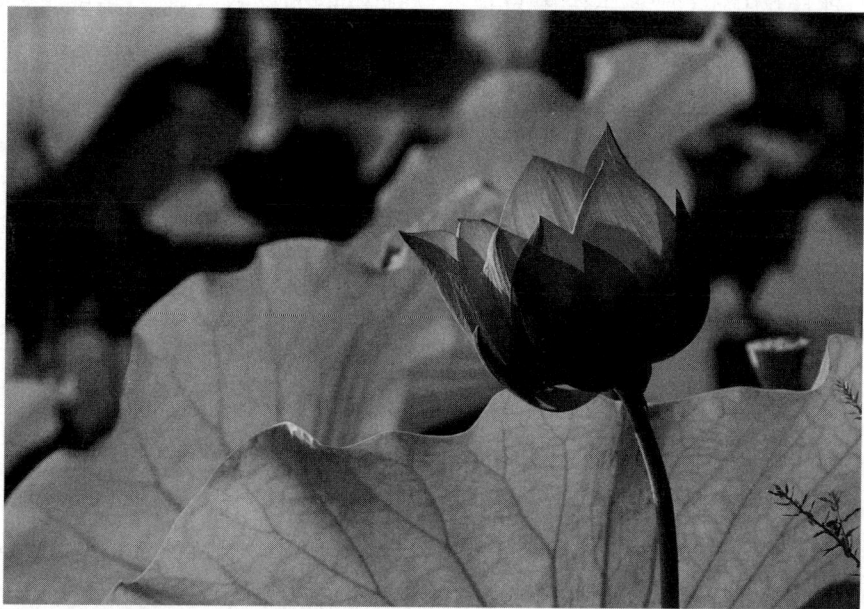

杨黎明摄影作品

红薯香飘城乡

杨志艳

在一个秋末初冬的早晨，我收到了一份特别的礼物。一位在城郊教书的老师，分享给我几个他在菜园里种植的红薯。我看着这兜精挑细选的红薯，往事不经意间涌上了心头。

在那物质匮乏的年代，父母总是把最珍贵的东西留给孩子。那时，我母亲在一所乡村学校教书。我还记得那乡村山路蜿蜒得看不到尽头，峰峦叠嶂，溪流潺潺，耸入云霄的高山犹如一个摇篮，把小山村揽入怀抱，摇进梦乡。那里的庄户人家长年累月过着自给自足的恬淡日子，永远是一副与世无争、世外桃源的样子。

记忆里，母亲总是喜欢在学校的房前屋后开荒种地，红薯是她最喜欢种植的农作物之一。每年的春天，只用像插柳成荫那样，把一拃长的红薯茎苗插进泥土里，它便自顾自地生长起来，完全是那种"给点阳光就灿烂，给点月光就浪漫"的模式。它一点儿也不矫情，落地生根，并且过不了多久就和邻居"攀起了交情"，相互缠绕，密密麻麻地铺满了田间地头，反正就是"你中有我，我中有你"的亲切互动型。到了烈日炎炎的夏季，红薯的藤蔓越发葳蕤繁茂起来。为了让泥土地里的果实丰硕，其间要把红薯的藤蔓进行翻身。但凡红霞满天时，微风吹动一片绿海，翻动后的红薯叶泛着银光，像是在大海里航行的帆船。藤上每隔一截就生长着鲜嫩的红薯茎，红薯茎可以掐下来剥皮后炒着吃，咀嚼在嘴里倍感清脆可口。我们这些孩子最喜欢做的便是把那长长的茎秆一段段折断，呈现一幅肉断皮未断，藕断丝连状，戴在耳朵边上模仿着模特走猫步，或者是扮优雅的名媛，那一招一式的经典动作尽把身边人逗得捧腹大笑。可我们并不感到胆怯，依然乐此不疲地扮演。寒露之后，绿盈盈的红薯叶子经不住晨霜冷冻渐次变黄，直至呈彻底萎蔫状，不过还没等叶子枯萎，母亲就会用镰刀割下长长的藤蔓，然后将其顺手挂在楮树上，晚饭后便把它们剁碎用来喂猪。不过割藤蔓看似简单，但也有讲究，田地里每一窝红薯都会留着一截藤，为以后顺藤挖薯留下功不可没的标识，这样会大大降低红薯出土之后的破损率。要知道纵是庄稼好把式，一锄头下去，挖出来的红薯依然有少许的歪瓜裂枣，但是这倒难不住母亲，她有着丰富的劳作经验，也最会物尽其用。只见她在灶里生起了柴火，架起竹蒸笼，把一个个破了相的红薯精心清洗后入笼蒸熟，然后用菜刀将它们切成薄长条，平铺在团箕里。经过阳光的晾晒、风霜的洗礼，红薯条日益萎缩，那切得薄如蝉翼的红薯条在阳光的照射下晶莹剔透，温软可口。随着时间的不断向前叠加，黄黄的红薯干上还会长满一层白色的糖霜，味道变得更加甘甜。有了糖霜的加持则意味着年关将至，小孩子们开始情不自禁地祈盼着放鞭炮、穿新衣的欢乐时光。

"红薯汤，红薯馍，离了红薯不能活。"红薯属于高产的农作物，过去庄户人家都喜欢种植它。每当秋收之后，勤劳的母亲还会变着花样做出美味可口的红薯丸子、红薯饼。那时家家户户都有地窖，存放着红薯、洋芋、萝卜等蔬菜。每当大雪封山，大人们拿开地窖上的木板，进入窖里取出红薯，将红薯放到火塘里烤着吃，它是孩子们最青睐的零食。随着生活条件的改善，老百姓盖起了高楼，现在的红薯，也大都用来喂猪，孩子们更喜欢超市里售卖的红薯干。家家户户用起了冰箱，地窖早已消失在了岁月的尽头。随着国家退耕还林政策的出台，庄户人家早已不再用火塘里的柴火烤红薯，纷纷在家里用微波炉烤红薯吃，这样干净又卫生。城市里的大街小巷到处都有商贩推着小车售卖烤红薯。不管是过去还是现在，红薯并没有淡出人们的视线，它的甜糯抚慰着人类的肠胃，芬芳弥漫了城市与乡村旷野。

回家后，我取了一个鲜嫩的红薯剥皮，将它用刀切成碎块，然后与淘过的米一起放入电饭煲里蒸熟，出锅后米饭遇冷，红薯成了香饽饽。大概是缘于友人的馈赠，所以觉得它格外新鲜香甜，回味无穷。

红薯滋养了我的生命，它一路承载着我们温暖而又美好的记忆。

爱上远方

刘仁前

远方，有多远？远方，有什么？

我在心里反复自问，始终没有满意的答案。可，我又清楚地知道，自己一直深爱着远方。没有一丝犹豫，无须任何理由，不曾有所改变，几十年来一直如此。

年幼时，远方靠一条乡路连着，远方有我的外婆。那绿茵茵的秧田里，蛙鼓阵阵，田野小径上，穿黑色布衣的外婆，拄着拐杖，挎着竹篮，蹒跚而行，神态很是安详。偶或有人问起，外婆会很乐意告诉人家："去桂子家，看外孙子。"桂子是我妈，外孙子便是我。当外婆矮小的身影，从远方一点一点靠近时，我会兴奋地跳呀蹦呀："婆奶奶来啰，婆奶奶来啰。"（我们那里总把"外婆"叫作"婆奶奶"，让我改变原来的叫法是多年之后的事情。）我妈自然也开心："你这个小馋猫呀，又想着婆奶奶篮子里的'想头'了吧。"（"想头"是我们当地人的说法，一般大人外出或走亲戚，带些硬糖果、玻璃球之类好吃好玩的东西，我们都叫作"想头"。）外婆真的很疼我，每次到我家来，都会带来我喜欢的，不是吃的便是玩的，实在没有了哪怕煮几个鸡蛋，从未空过手。到我上学念书时，又多了小人书之类。在我的记忆里，儿时的远方，便是外婆的家。外婆从她家走到我家，是要走好远好远的乡路的，况且她那么大年岁了。我爱远方，远方有我慈爱的外婆，远方有我喜欢的"想头"。

到了对"关关雎鸠"一类诗词兴致颇浓的年龄，远方则成了一种向往，无端觉得远方会有一个姑娘在等着我。在远方，不止一次和心爱的姑娘策马辽阔草原，任草原上的风吹起她美丽的长发，撩起她洁白的长裙；在远方，不止一次和心爱的姑娘矗立于巍峨群峰，任绕峰的白云飘浮在她身旁，那飘然欲仙的感觉让人陶醉；在远方，不止一次和心爱的姑娘航行浩瀚海上，任万顷碧波激荡她的心房，点点银鸥展翅翱翔；在远方，不止一次和心爱的姑娘潭边静坐，任清纯的潭水映照她迷人的双眸、姣好的脸庞……那时的远方，只是我心底的一个梦乡，遥不可及，不辨方向。

直到有一天，我离开了生我养我的故乡，离开了我慈爱的外婆，我的足迹印在了大江南北，我的心绪流淌在山川湖泊。远方，变成了我脚下的一块土、一潭水、一片云。于是，我把对远方的爱变成了文字，变成了几十万字的《屐痕心影》。我在这本书里告诉读者朋友们："这些小文，或描写山川风貌，状写历史遗迹；或叙述人文掌故，探求事物渊源；或细说民间风情，品味异地风物……自认为字里行间，记载的是足迹所至的所见所闻，流露的是自己的真情真意、真实感受。""纵情于崇山峻岭、江河湖泊和人文景观，饱览美妙的自然风光，领略造物主的鬼斧神工，寻访人世间的历史遗迹，探求妙趣横生的人文掌故，拓宽视野与胸襟，陶冶性情与操行，使自己的体魄和身心得到完完全全的放松与舒展。"远方有如此之妙，焉能不爱？！

如今，在外做事多年。外婆早过世了，父母年事已高，但我却不能常尽孝于前。自己的心思悄然变化着，远方有多远，远方有什么，一下子变得不太重要了。对于久居乡野的双亲来说，远方有他们的儿女，远方有他们的牵挂。不经意间，我倒成了父母亲的远方。

炊烟里的乡愁

周开学

朋友在微信朋友圈中晒出一张照片，说他遇见了久违的炊烟，走进了梦中的家园。在一处仿佛世外桃源的小村庄，缥缈的炊烟袅袅升腾，与蓝天、白云、青山、房屋相互映衬，如梦似幻，让人心醉神迷。他的照片引来很多点赞。

其实，沿着时光的河流拾级而上，在每个人的心中都有一缕炊烟，有了炊烟才有了真正的人间烟火。

走过乡间小道，走进宁静的村庄，老槐树、土墙、黑瓦、小河留下时光的斑驳印记，炊烟从烟囱里、屋顶上、瓦片间飘逸出来，带着乡村温暖、带着淡淡清香、带着季节欢欣，乡村就生动起来、明媚起来、清新起来。

早上，母亲点燃柴火后，炊烟

很快穿过烟道，迈过烟囱，从屋顶盘旋而上，袅袅升起，随风荡漾。这时候的炊烟浅浅的，淡淡的，隐隐约约，云雾缭绕而又似云非云、似雾非雾、似梦非梦，好似一幅水墨画。随着更多的农户屋顶飘出炊烟，炊烟有时候会在不知不觉间聚合在一起，形成一根硕大的烟柱矗立在空中，袅袅炊烟，翻转自如，时而如骏马狂野奔腾，时而如天鹅翩翩起舞，时而如薄云悠悠飘荡，变化万千，令人陶醉。

中午的炊烟是在匆忙中升起的。经过一个上午的劳作，母亲来不及擦掉额上的汗珠，急匆匆赶回家，把炊烟从柴火间掏出来，炊烟"倏"地一下从烟囱里钻出来。在旺旺的柴火中，炊烟充满力量，不断盘旋升腾，很快弥漫在空中。带着母亲的心愿，带着全家的期盼，这时候的炊烟热烈、奔放、充满活力，如果有阳光的映照，会一闪一闪发出金光，绘出乡间诗意的图腾。一缕缕炊烟成就了充满人间烟火的乡村，托起我们惬意的生活。

傍晚，完成一天的农事后，母亲回家的步履轻快自如，她不急不缓地点燃柴火，炊烟从母亲手中开始飞舞。不久，家家户户的屋顶上竞相升起炊烟，小孩子口中的叶笛在暮色中悠悠吹响。在落日余晖下，在清凉微风中，炊烟妩媚、恬静、轻盈、安宁，身姿婀娜，风情万种，悄无声息弥漫在村落里，飘散在高低错落的树木中，随意悬挂在竹林间，不知不觉中将乡村装扮得美轮美奂，书写出属于乡村的童话。

炊烟是乡村的粮仓，装着农户一年的收成。在二十四节气的变换中，辛勤的农人日出而作日落而歇，种出了稻谷、玉米、麦子、高粱、大豆、红苕、洋芋、瓜果。在五谷丰登中，乡村的四季流光溢彩。在灶里哔哔燃烧，产生诗意炊烟的就是乡村常见的稻草、麦秸、玉米秆、高粱秆、大豆秸，用这些做燃料不花钱，烧成的灰还可以做肥料，让来年增产增收。稻草容易燃烧但不耐烧，用稻草做饭产生的炊烟时浓时淡；玉米秆燃烧产生的炊烟是淡蓝色的，炊烟不疾不徐，收放自如；高粱耐旱，高粱秆长得紧实，高粱秆燃烧后产生的炊烟袅袅缭绕，在空中升得很高……如果一年的收成不好，不光粮食不够吃，燃烧做饭的农作物秸秆也会不够用。如果柴火不够，用晒干的杂草煮饭时，它的炊烟细长而短暂，做饭也费时间；用没有晒干的树枝烧饭，烟囱上会浓烟滚滚，而且带有一种呛人的气味；煤炭燃烧后的炊烟是乌黑的、浓密的……走进村庄，从农户屋顶飘出的炊烟中，你就会知道他们家种出了哪些粮食，粮仓里有多少余粮，日子会不会称心如意。

炊烟是乡村的味碟。在每天悠然升起的炊烟中，既有粮食的清香，又有鸡鸭鱼肉的喷香，也有柴火的幽香，还有乡下独特的醇香，乡村的前世今生始终有炊烟的滋味。走进乡村，就算你不细数袅袅炊烟，你也能够从炊烟的味道中嗅出哪家做了大米饭，哪家烙的玉米饼，哪家吃的面条，哪家蒸了馒头，哪家煮了猪肉，哪家炖了老母鸡……从炊烟中飘来的味道始终是最香最甜最难忘的，让我们记住了生活的香甜和美好。打开味碟，总能寻觅到家的味道，炊烟的韵味值得让每一个热爱土地、珍爱粮食、亲近自然的人用一生去回味。

炊烟是乡村的呼唤。无论何时何地，一日三餐总是盛满温情。炊烟刚刚升起时，母亲在准备食材。炊烟越升越高，飘舞得正欢时，母亲在厨房忙着做饭、炒菜。炊烟渐渐减弱变小时，母亲做饭就接近尾声了。看着炊烟的变化，在外玩耍的孩子总能瞅准时间回家吃饭。在田地里忙活的男人，抬眼看看炊烟就能确定回家的时间，吧嗒着旱烟袋回家吃上热腾腾的饭菜，就能忘记一天的辛劳和身上的酸痛。在乡村，炊烟是最温柔、最亲切、最甜蜜的呼唤，在飘飘洒洒的炊烟中回家吃饭，共享天伦之乐，炊烟里的温馨默默流淌在时光深处。

炊烟是乡村的守望。"暖暖远人村，依依墟里烟。"陶渊明在诗作《归园田居》中为我们描绘的村落、炊烟如诗如画，这座精神家园烛照四方，温暖了一代又一代人的情感记忆。有炊烟的地方就会有乡村，有炊烟的地方就会有亲近土地的人，有炊烟的地方就会有烟火气，有炊烟的地方就会有生机与活力。在炊烟升起的地方，谈庄稼的收成，说家长里短，感恩土地的馈赠，守望乡情、亲情、友情、爱情，守望每一次温暖的相聚，炊烟默默无语而又情真意切。

现在，老家用上了天然气，很少看到炊烟了。母亲说，天然气做饭虽然方便卫生，但饭菜没有柴火做的香，母亲的眼睛里，有一丝淡淡的忧伤：没有缥缈炊烟的地方，已经不是我们熟悉的家园了。

随着时代列车奔驰向前，炊烟已经渐行渐远，但炊烟依然在我们的梦里随风摇曳。在云淡风轻的日子里回到故乡，回到梦开始的地方，在时光流转之间，我们会找到熟悉的炊烟吗？

那时，月夜如昼

刘香河

在我心底，总是悬挂着一轮明月，那是儿时故乡的月亮。我一直认为，那时故乡的月亮，是世上最明亮的。无论是我离开故乡，去别的城市读书，还是后来回故乡的县城工作，直至现在离开故乡的县城，在外工作十余载之后，我仍固执地认为，他乡的月儿没有儿时故乡上空的月儿亮。那时，月夜如昼。

我的故乡，在苏北平原上，是个不知名的小村庄。正如我在《香河》里所描写的那样，巴掌大的庄子，筷子长的巷子。出门见水，无船不行。因为村子小，生活在村庄里的大人小孩都能熟识，不像现时城里，人们同住一幢楼里，上班下班在楼道里遇见，多半叫不出姓甚名谁。常言道，一熟三分巧。一个村子的人，哪家有新鲜事，便爱往哪家凑热闹，尤其是一帮孩子。我记得，村子里只有一两家有电视机的时候，我几乎每晚都带着三个妹妹，到村西头一户人家家里看电视。其时，日本的电视连续剧《排球女将》《血疑》正火，我们

兄妹四人晚饭碗一丢，便往人家电视机跟前抢占有利位置。乡里人毕竟厚道，供我们看电视的这户人家，原本电视是在堂屋里放着的，后来看的人越来越多，主家只好把电视搬到院子里，并把家中的凳椅在院子里放好，以便人来了好坐。大伙儿看电视都很入神，虽说不大的院子里挤满了人，还是挺安静的。这时候，我倒有些走神，会不自觉地抬头，望望悬挂在空中的月亮，亮晃晃的，直逼我的眼。等我读了几年中文系之后，才感受到什么叫"月光如水"。每到电视剧散场，我和妹妹们都会披着如水的月光，奔跑在村上唯一的砖巷中。杂沓的脚步声音，"噼噼啪啪"地响在巷头，带着童年的欢娱。那天空中的月儿，亮亮地照着，便成了一盏照亮我们归路的灯。在我的记忆里，那时候极少有阴黑的夜晚，月儿总是那么亮，总是亮亮地照着。或许是有阴黑的时候的，但我不记得了。

那时除了《排球女将》《血疑》在电视上火爆之外，还有一部电影更

火——《红楼梦》。刚开始在县城电影院上映时，听说是人山人海，电影院门前挤满了排队买票的人。有的排了一天的队，都不一定买到票，怎么办？第二天天没亮再来。后来发现，天没亮赶来，也不行。有人索性在电影院门前守夜了。真是此一时，彼一时，现在的电影院门前冷落，可罗雀也。

在凭工分获取报酬的年代，我家因为人多但劳动力少，父亲长年在工作队上做事，能从生产队上拿工分的只有母亲，所以年终多半"超支"（不仅分不到"红"，还欠生产队的钱），家中日常的开销靠几只蛋鸡，自然没有钱给我买票去县城看《红楼梦》。我是等了好久，《红楼梦》在邻近的村子放映时，才有机会去看的。其时，在乡下，看露天电影极普遍。某村有电影放映船来了，要放电影了，邻近村上都会有些大人小孩赶过去看。因为多水，有时会有人撑船去看，几个劳力，约定想看电影的（多半是大小伙子约姑娘，有点那个意思的），说走就走。想去看电影的人多，船小容不下，只得丢下无关紧要的看客。这当中，最容易被挤在船外的，便是小孩子。我就有过被人家从船上拉下来的经历，可电影还想看，怎么办？靠双腿走，遇见河只有脱光了衣裤，赤裸着下水，"踩水"（把脱下的衣裤举在手上，浮水前行）而过。这把戏，不仅小孩子干，大男人也干。

看露天电影，有趣的不仅仅在看了什么电影。电影散场往回走的路上，自会出现一些状况。只要留意，便会发觉哪两个是一对，哪个小伙子对哪个姑娘有意思。银色的月光下，薄雾弥漫的乡道上，情意绵绵的青年男女，一时顾不及脚下，失足进了垄沟，俏鸳鸯变成"落汤鸡"，引来一阵哄笑是免不了的。

月儿高悬的夜晚，对我们这些农家孩子来说，做的更多的，不是看《排球女将》，不是看《红楼梦》，而是捉迷藏、打仗、捉麻雀。一村的孩子，平日里总有亲疏的，上学下学在一块多一些的，到了晚上自然成了一队，这当中岁数大些的多半为队长（也不尽然，我在当时的一帮孩子中间并不最大，也当队长），带领同伙和另一队"干"，一方躲藏，一方寻找，满庄子闹腾，发生"战争"是常有的事，弄得楝树果子满天飞，很有点"枪林弹雨"的意趣。

任何一种游戏都有腻的时候，于是便来点"实惠"的，捉麻雀。冬季，麻雀多借人家山墙檐下做窝藏身。只要看到檐口有新草絮挂出，且隐有洞穴，内定有麻雀。这时，可由几个小朋友打高肩（接人梯的办法），让手脚麻利者踩肩而上，伸手入洞，雀便可逮。自然也有例外，有时会逮到"油老鼠"（蝙蝠的俗称），那家伙摸在手里软软的，还会"吱吱吱"叫，不吓你个半死才怪呢。高肩是没法打了，人仰马翻，乱作一团，属正常。有了这样的遭遇之后，再捉麻雀，小朋友们多半选择网兜扑。用稍硬一点的铁丝做网口，穿上一只网兜，固定在一根长竿顶头，长竿多为细长竹篙借用的。实施捕捉时，只要将网口对准麻雀藏身的洞口，略施敲打，使洞内雀儿受惊而外逃，自会落入网中，此时只要将网兜贴墙往下慢移，雀唾手可得。一夜下来，捉个十来只麻雀，不在话下。无论烧烤，还是配细咸菜红烧，均味美得很。在那个农家餐桌上难见荤腥的年月，这可是解馋虫的妙招呢。

细细想来，离开生我养我的那个村庄时日久矣，那砖巷是否依旧，那村庄又有怎样的变迁？那村里有些人已走了吧，活着的人呢，生活得可好？那悬挂在村子上空的月儿呢，还是那般亮晶晶的吗？

纸剪情深

孙学铭作品

红糖包裹的药片

李文山

我这人脑子极笨，快10岁了还不知道怎么才能吞下那一粒小小的药丸。

偏偏小时候我又体弱多病。一生病自然就要看医生，一看医生就要吃药打针。打针还好说，不就是屁股或者胳膊像被蚂蚁咬了一下，忍受一下就过去了，和我同龄的小伙伴都喊疼，我却认为没事。但我怕吃药，中草药犹可，眼睛一闭做大口牛饮状就能吞咽下肚。我最怕的是西药片，那玩意儿老卡在我的嗓子眼上，即使喝干了两三碗水也还留在嘴巴里，外面裹着的一层糖衣也早已化为乌有，令人苦不堪言。没办法，只能捣碎了一口一口咽下去，那样就更苦了。捣碎的药片滞留在舌尖、齿间和口腔的时间成倍增长。西药片的苦味真叫我受不了。每每这时，我便想骂人，骂不给我打针只给我开药片的医生，骂发明西药的鹰钩鼻子外国人，骂的最多的是我们村的郭断臂。

郭断臂不是开药片的医生，只是一个代销点的售货员。代销点是公社供销合作社延伸到村（当时还叫生产大队）的一个代办销售点，常年经营杂货、百货之类的日常用品。在点上当售货员是一个优差，风不吹雨不淋，更不用使多大的力气。郭断臂在一次夏收大忙中被打麦机绞断了一只胳膊，一个大男人没有胳膊，生活就失去了平衡，在那个靠工分吃饭的年代更是要命。他不可能做那个什么维纳斯，更不是传说中的英雄保尔，村里的干部为了照顾他，就把售货员这个肥缺给了他。应该说他在这个岗位上是尽心尽职的，丝毫没有什么懈怠，可他得罪了我，得罪我是因为他不卖给我红糖，不卖给我红糖也不是他对我有什么成见，而是我们家没有买糖的糖票。在那个物质匮乏买什么都需要票证的年代，他这样做也无可厚非，因为人家供销合作社就是这样规定的。能吃售货员这碗饭不容易，他不能冒天下之大不韪，违反政策。

可我需要红糖，需要用红糖来包裹西药片帮助我将其吞咽入喉。他不卖给我，我就恨他骂他，我见了郭断臂就走弯路，哪怕郭断臂老远就招呼我，我也佯装着没看见没听见拐到另外一条路上去了，遇到旁边无路可拐时，我就会掉转头往回走，不理睬他。

其实，我以前很喜欢郭断臂的。郭断臂总说我是村里最老实的孩子。记得我刚读小学一年级的时候，我和一大群小伙伴在代销点门前玩，大伙眼巴巴地盯着柜台一侧大瓷缸里的红糖，喉结蠕动，吞咽口水。

看到我们的馋样，郭断臂说话了："你们谁想吃红糖？"

这不用问，我们异口同声地回答："我！"

"好，我出个题目考考你们，谁能算对，我奖给他一小勺红糖。这一小勺红糖的钱由我来出。"

郭断臂今天算是开恩了，我们都做好了准备。谁知他出的题目是我们今天的"脑筋急转弯"："树上有八只鸟，一个猎人用枪打死了一只，问树上还剩下几只鸟？"

我的那帮小伙伴都抢着回答，说一只也没有了，而我却说树上应该还剩下七只鸟，事实就是这样，八减一不是等于七吗？他们说一只也没有了，是不是不识数呀？

他们欢呼雀跃地刚准备去接糖，

可是郭断臂却用那只完整的手把糖直接递到了我的手上。他们都不服气，说郭断臂说话不算数，算错了的反而得红糖，郭断臂笑着说："我奖给他红糖是因为他人很老实，不像你们这样古灵精怪。"

我的那帮小伙伴一个个低着头想了想，这才蔫了下来。我当然没有独吞那一小勺红糖，只用舌尖舔了一点点，就转给他们每人都舔了一下。郭断臂上前抚摩着我们的头说："你们这帮孩子不管是老实的还是聪明的，将来都会有出息的。"

一道老掉牙的算术考题换来的一丁点儿红糖至今还甜在我的心里，现在想起来都还忍受不了那种滋味的诱惑。郭断臂说我们那天吃的是古巴红糖，吃在口里有一股苦味，有时候不要糖票都可以买到，若是我们国家出产的红糖那就好吃多了，但没有糖票是不可能买到的。

买不到就算了，可红糖的滋味在我的味蕾上顽强地滋生着，总是挥之不去。郭断臂不给我红糖，我就再没到他的代销点去过。

然而，病魔并不随我的主观意志而转移，三年级下学期我得了一场大病，有的说是重感冒，也有的说是病毒性肺炎，反正人都走到了阎王殿的门口了，一连好几个星期吃药、吃药还是吃药，就是不见病情好转。西药片总是含在嘴里，终日好像有捣碎的药末哽在喉咙里，苦苦地说不出话来。每次到了服药时间，用我姥姥的话说就像"上刑场"。

"蠢死一头牛！吞药片不就像喝一口水一样吗？把嘴巴张开，药片和温水一起吞进去，用舌头往后面一绞就行了。"聪明的小伙伴都是这样教我的。

我照此办法吞药，舌头往后面一绞，温水下了喉，药片却还在口腔里，真是急死人。一天三遍药，不服又不行，没有红糖的那种甜味化解药片的苦味更不行。

我不能手捧药片等死呀，我恨透郭断臂了，咬着牙关在骂他，他不给我红糖，不就是一张票证吗？

大约就这样挨过了十多天，我感觉自己浑身软绵绵的，好像就要死去

了，不想却在蒙蒙眬眬间闻到了红糖的甜味，姥姥告诉我，郭断臂不请自来了。他笑眯眯地给我捎来了一包红糖，说这红糖是离我家很远很远的地方生产的。当然，这糖是要糖票的，我家的糖票已经用完了，他用他家的给垫上了。

吃了那很远很远地方生产的红糖，如有神助，我在那一天终于吞下了平生第一片西药片。当连续两片药片吞下去的时候，我感觉到自己已经掌握了吞药片的诀窍。我的病顿时好了一大半，兴奋得手舞足蹈，俨然垂死之人得到一根救命稻草高兴。郭断臂也很高兴。他说："你家里的糖票今后可能够用了，再也不用我担惊受怕了。"

听到这话，我又要姥姥给我扎了一大勺红糖，紧紧把它抿在嘴巴里，让它在我的心间慢慢融化，然后化作满面泪流。

诗苑抒怀

心中的伟人

李国祥

伟人功绩比天高，扭转乾坤胜券操。
重庆填词超李杜，京都立政映民豪。
俭朴倡导躬行者，建设掀开涌浪潮。
千古英雄无人比，我挥拙笔首崇毛。

母亲的浪漫二三事

张君燕

母亲是一个普通的农村妇女，同时她也是十分合格的家庭主妇。洗衣、做饭，带孩子、操持家务，母亲每一样都做得很出色。在20世纪六七十年代物质条件普遍匮乏的环境里，母亲努力把小家收拾得整洁舒适，孩子们一个个干净利索、精神抖擞。如果不是因为身上穿着洗到褪色的衣服，很多人会误以为我们是大户人家的孩子。这一切都是母亲的功劳。

在那个年代，家里普遍人口较多，里里外外全靠母亲打理，父亲一个人负责干活养家，一家人的日子过得确实紧巴。我们的碗里几乎长年不见荤腥，孩子们一个个蔫巴巴的，吃饭时总是提不起劲儿，有时还刻意躲着碗里端着肉的小伙伴。

母亲使出了自己的绝活。和好的面经过醒发后，揪成一个个小剂子，母亲把小剂子搓成长条，然后不断地往两头抻。我们屏住呼吸，紧张地盯着她的双手，生怕面条一不小心从中间断开。母亲脸上带着笑，却也全神贯注，小心翼翼地调整手上的方向和力道。于是，面条开始越来越细、越来越长，直到母亲舒一口气，说了句"好了"，然后轻轻将整根面条扔进滚开的水中。

我们高兴地捧着一碗只有一根的面条挤进人群，咬着面条的一头，将面条拽得老长，吸溜着吃，到最后碗底只剩下一点汤，吃的过程中面条不会自动断开，筋道十足。小伙伴们羡慕的目光让我们骄傲不已，吃到嘴里的面也似乎更香了。

当时有个小伙伴不服气地问："那么长又怎样？吃的时候还不是要咬断？"他说的没错，吃的时候确实要咬断，但在端起那碗面的时候，我们的内心是满足的、欢喜的，甚至是富足的呀。

除了"一碗一根面"这样的事，母亲还会做其他看起来更加"多余"的事情。冬天雪下过两场之后，母亲会拿出来一个腌菜的缸，不腌菜，却腌雪。步骤和腌菜一样，缸里铺一层雪，撒一层盐，再铺一层雪，再撒一层盐，装满缸后，用塑料布封好，然后用盖子盖严实。来年夏天，用"腌"过的雪水煮肉，肉色鲜亮，肉味鲜咸，不用放其他调味料，就已经香味扑鼻了。

长大后，我一度怀疑是因为小时候极少吃肉，所以觉得雪水煮肉无比美味。后来翻看古籍，发现确有关于"储雪煮肉"的记载，和母亲的方法几乎一模一样。母亲读书不多，不识几个字，从古书上学来的可能性不大。当时除了母亲之外，我没有见别人效仿此法，因此我更愿意相信这是母亲的独创，巧的是与前人的智慧不谋而合。

空闲时间，母亲喜欢拿着各种花样绣花，看得多了，我对画画产生了兴趣，常常拿着铅笔在纸上涂鸦。母亲看着我笔下的画，惊喜地说："画得真好，以后能当大画家哩！"母亲问我愿不愿意学画画，见我点头，母亲便开始给我联系老师。那时候画画班不像现在这样普遍，母亲费了很多力气才帮我找到一位教画画的老师，送我去学画画。

母亲的这个决定遭到了家人的反对：学费不便宜，路又远，而且有什么用？真能当画家？还不如多认识几个字实在呢！母亲却坚持送我去学画画，她说："考虑那么多干啥呢？闺女喜欢就行了。只要闺女愿意，我就觉得值。"

当然，后来我确实没有成为画家，但画画成了我终生的爱好。每当我因世事烦扰，坐在画架前，内心重归平静时，我就会想起母亲当初的样子，她那时就坚信，画画对女儿是有帮助的。

母亲一辈子都待在老家，几乎没有出过远门。但母亲骨子里的浪漫情怀却给我们贫瘠匮乏的生活增添了无限滋味，让那段暗淡的岁月焕发了光彩，映亮了我们每个人原本灰暗无光的心灵。

父亲的自行车

张艳军

在我的记忆深处，珍藏着一些旧物的身影。它们就像一坛坛经年的老酒，历久弥香。比如，父亲的那辆自行车。

打我记事起，家里就有一辆自行车。红旗牌的，二八加重，通身上下被漆成了墨黑，看上去是那么牢固结实。那辆自行车是怎么来的，我应该问过父母，父母也告诉我了，只是时间已经久远，我完全忘记了。那时，日子紧巴巴的，吃的都是粗粮，也还只能勉强填饱肚子。除了平时必不可少的农具外，添置任何其他物件，都是颇费算计的。何况，在当时，自行车还是贵重和紧俏的商品。我记得在那时，自行车、手表和缝纫机并列为三大件，只有在姑娘出嫁时，家里才舍得咬牙买来，作为嫁妆，陪送给女儿。现在想来，我家那辆自行车，得来应该也是不容易的。

父亲很心爱那辆自行车。遇着刮风下雨，或者不出门的时候，就把它安安稳稳地放在屋里。出门回来，又把它小心翼翼地支在山花墙的阴凉里，

怕毒日头晒着。在父亲眼里，那辆自行车和后院拴着的那头小黑驴，是他的"左膀右臂，得力助手"。小黑驴套上，就可以拉土拉粪，耕田耪地；自行车呢，驮个物，带个人，一点不在话下，而且还省时省力，多远的道儿，骑上都不觉得累。父亲曾对我说："你的学费书费，可全都指望着它们呢。"

那时候，家里有一块自留地，三块水浇田，十几亩薄地。除此之外，还有一块梨园。阴历八月十五前后，正是农忙的时候，父亲总会趁着农忙的间当，带我去梨园摘梨。深秋时节，梨园里到处飘荡着果子的香甜气味。父亲支好高凳，站在上面摘；我则像只小猴子，攀上树，站在树干上，专拣又黄又大的摘，瞅冷子还往嘴里填一枚，嚼得果汁四溅。等摘满一篮子，我递给父亲。父亲再把梨装进梨筐里。梨筐是早准备好的，底下铺着柔软干燥的草，四围用牛皮纸围着，等装满了，上面再盖上干草，用铁丝把筐盖拴结实。日薄西山的时候，父亲赶着小驴车，把梨和我一块

儿拉回去。

第二天，母亲起得很早。屋外还黑得跟炭一样，星星也还眨着眼，灶膛里的火却早已把屋里映得通红。母亲烙了几张大饼，又摊了几个鸡蛋。父亲吃饱了，把剩下的大饼和鸡蛋包上、装好。然后，母亲又到外面，帮父亲把梨筐放在自行车的后座上。母亲轻轻地开了门，父亲推着自行车，一拐弯，折进了黢黑寂静的街道。

父亲这趟是去了北京，这是母亲后来告诉我的。母亲说这话时，我只有张大嘴巴、咂舌的份儿。那时我还小，不知道北京离我们这里究竟有多远，只知道从我们这里去北京要坐火车。而父亲却凭着一双肉脚，蹬着一辆自行车，让自行车去做火车要做的事，父亲该有多棒啊！直到我稍稍长大了，才多少明白了那时的事：母亲的眼神，我和妹妹的学费，地里庄稼的水肥，这些，都要父亲一个人承担。

那天，父亲很晚还没回来。夜已浓，星星已经睁开了调皮的眼睛，月亮也露出了圆圆的脸庞。母亲在屋里心神不宁、坐卧不安。最后，母亲嘱咐我，看好妹妹。她一个人出去了。原来，母亲去接父亲了。村外，有一座小石桥，母亲站在那里，眼眺远方。月亮洒下清幽的光，照得旷野朦

朦胧胧。忽然，母亲看到一个移动的身影，接着，传来自行车颠簸在村野土路上时发出的清脆的铃铛声。这是母亲熟悉且盼望的声音。出乎意料的是，母亲没有再等，而是扭回身，三步并作两步往家跑。母亲不敢走原路，而是绕了一个大弯子。所以，父亲已经到家多时，母亲才急急忙忙赶回来。父亲盯着气喘吁吁的母亲问："你干吗去了？""我串门去了。"旁边的我不明所以，大声说："妈接你去了。""接我干吗？我又丢不了。"父亲嗔怪道。"稀罕你呗！以后才不管你了呢。"母亲一边说，一边下手和面。母亲这是气话。以后再遇到父亲回来晚了，母亲依旧会到村外的小石桥上，眼眺远方，直到那个熟悉的身影出现。

平时，父亲很少让我碰那辆自行车，说我人小，个子还没有车高，怕摔着碰着。我不服气，但我没办法，只好负气地躲得远远的。可我总在寻找一个机会。有一天，父母去了地里，那块地离家近，不值得骑自行车，车便放在了家里。我偷偷地将自行车推出来，叫上好朋友百岁，去了村外。我叫百岁扶着车的后架，我把腿伸到车的大梁下面，"咯噔，咯噔"骑开了。刚开始还行，虽然车子在我的手里并不怎么听使唤，歪东斜西的，但

我尚能把持得住。可是后来，也许我骑得快了，也许百岁没劲了，不管什么原因，总之，百岁松手了。我像一只断了线的风筝，一头扎进了路边的沟里，车把正戳到我的胸口，当时我就喘不上气来了。我蹲在地上，脸煞白，汗珠子吧嗒吧嗒往下掉。这可把百岁吓坏了，不知所措。我摆摆手，示意没事。过了一会儿，我缓过劲来，扶起自行车。车真结实，只是掉了链子，摔弯了把。我在百岁的帮助下，挂上了链条，又正好了车把，这才将车推回家，放归原处。后来，父亲再骑，总觉得不对劲。问我，我摇摇头，装作不知道。其实，从我闪躲的眼神中，父亲早已经窥探出了原委。

上了初中后，父亲才真正把那辆自行车给了我。那一刻，我高兴坏

了。上学路上，我会故意把铃铛拧得"丁零零"乱响；遇上正在徒步行走的同学，我更会把屁股扭得跟钟摆似的，欢实得很。的确，那时候，并不是谁都可以拥有一辆自行车的。

后来，上了高中，我开始住宿。自然，自行车也骑得少了，我便把它寄存在学校的车棚里。由于日久天长，自行车上面落满了尘土，链条也生了锈，各个"关节"吱扭扭乱响。再骑回家，父亲见了，心疼得不得了。父亲一边擦着自行车，一边对我说："什么东西都一样，不怕用，就怕搁，越用越灵便，越搁越生锈。"父亲的话很简单，却很实在。

我把自行车留在了家里，我怕它会毁在我手里。此后，父亲又骑了好多年，直到它老得"走"不动了，这才"光荣退休"。

纸剪情深

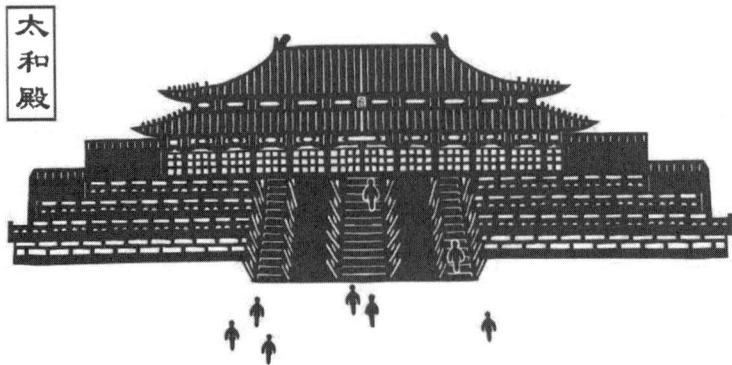

孙学铭作品

春晖已上白云间

钱　亮

又是秋天了，早晚凉了许多。也许是我在夜来关窗时，不小心放进了蚊子，被狠狠叮了一口。我看着小臂上那片红红的凸起，一刹那心头一热，又一次想起了在内心深处如母亲般亲近的王姨。尽管她老人家已经走了6年有余，然而，她的音容宛在，从前的一幕幕总在不经意间浮现在我的眼前。

记得那是我上小学时的一个夏天，一天放学后，我去母亲单位等她一起回家。当时母亲在王姨的办公室谈工作，见我来了，王姨一如既往露出了温和慈爱的笑容，她拉着我的手，用她惯常的和声细语问询着、关心着……她不经意一侧头间，忽然发现我的手臂上有一个蚊子叮咬的红疙瘩，当时的她，自然而然地把食指伸到舌尖用唾液濡湿，然后轻轻在那个红疙瘩上面涂抹，一边擦拭一边说道："唾液可以消毒，是不是既不疼也不痒了……"40余年过去了，此情此景此刻在我心灵的幕布上无比清晰地映现出来。我想，王姨一定不会知道，这短暂而且并不轰轰烈烈的一幕，对一个幼小心灵所产生的感动与震撼至今依然回声激荡。因为王姨，我知道了，爱，可以广博、可以和煦、可以端庄、可以从容，可以在真情流露中体现着母性与理性的双重光辉。她的爱，就像春风化雨、润物无声，就像春水涓流，一点一滴地滋润着她所呵护的每一颗心灵。

我大概10岁的时候，弟弟重病住院，父母只能把我托付给同事。当时我的选择很多，那些热心的叔叔阿姨，尤其是他们的儿女——我的小伙伴们都真诚地邀请着我。但我未假思索就选择了王姨。当时有两个很要好的玩伴颇为失望地问我为什么，我张口结舌、语无伦次地解释了半天也没能说出缘由。如今想来，一定是王姨独特的人格魅力和情感感召力吸引了我。因为她所付出的爱，从不凌驾在任何人之上，就是孩子，她也永远给予足够的尊严。在她那里，没有装腔作势，没有颐指气使，没有疾言厉色，没有抱怨指责。印象中，如果在王姨的脸上看不到了笑容，那么对她的孩子们来说就是最严厉的惩罚。她不仅用关怀爱护，而且用平等和尊重赢得了孩子们的心。

初中时的一个暑假，我和弟弟去王姨家小住，那时，王姨家里只有她和女儿两个人了。记得一天，王姨买回来一只鸡，笑吟吟地说："今天我们改善生活。不过，我可不敢杀鸡。"最终，我作为当时家中的"大男人"责无旁贷地完成了这一"壮举"。其实这里想要着重说明的是，就是如此一位连杀鸡都不敢、也不忍的柔弱女子，却用她单薄的双肩承担起了常人绝难承受的命运重负，人生三大不幸——幼年丧父、中年丧夫、老年丧子，王姨——经历。就在王姨的丈夫因病去世后不久，她唯一的儿子罹患了严重的精神疾病。在长达10年的时间里，王姨一方面承受着失去丈夫的打击，一方面忍受着谵妄躁狂的儿子的非打即骂、非摔即砸的折磨；一方面还要兢兢业业地工作，还要含辛茹苦地抚育女儿，直到女儿成才考入大学……直到她的儿子在25岁那年离世。

面对如此不堪的境遇，或许有人会改变初心向命运妥协，比如"再走一步"，但王姨却表现出了常人难以想象的坚贞和勇毅。她执着地选择了

独自面对生活的磨难和艰辛。身高1米5的王姨，就是砌院墙、盖仓房这种重活儿，也不愿求人。记得那是一个严冬，她的家里任凭怎样烧火取暖依然四壁清霜，女儿冻病了，高烧不退。但是在把女儿托付给我家后，任凭我的父母怎样恳求，她也不肯一起住过来。我知道，这正是她始终恪守的自尊自爱、自强自立原则的完美体现。

在记忆中，在那一贫如洗、充满苦难的岁月里，我从未见过王姨蓬头垢面、衣衫褴褛、怨天尤人、哭天抹泪的样子，她从来都是仪容整洁、体态端庄、神情安详、态度温婉。她赋予了坚忍以一种从容，她赋予了坚强以一种美丽，她为存在赋予了非凡的意义和魅力。

王姨的名字叫王书琴。显然，这并不是一个在现代社会中可以引起广泛瞩目的名字，比如秋瑾；也不是能够引起科学界巨大变革的名字，比如玛丽·居里；更不是一个可以在世界上引起风云激荡的名字，比如玛格丽特·希尔达·撒切尔。她只是千千万万默默无闻的平凡女性中的一员。但是她的伟大，体现在她并不平凡的生命历程、人生态度，以及历尽万难而不屈的铮铮意志和不朽精神

上。也许，她的美好、善良、牺牲与爱，只能泽及她身边的很小范围，但她美丽心灵绽放的永恒光芒、她生生不息燃烧的生命之火，足以照亮后人前行的道路，足以让我们获得抗衡阴霾、荆棘和苦难的力量，这就足够了。

尽管王姨已经走了6年多了，但我总是会想起印有王姨笑靥的往日时光，想着想着，就会情不自禁地泪流满面……但是，我不能让自己过于伤感和悲痛，因为王姨一定不喜欢。因为，她在很早以前就已经告诉了我，人活着应该怎样去做。于是我想，上天之所以急着召回她，应该是想让她以一种天使的姿态在忧患良多的世界"用优美的语言去宣扬真善美"，让她用永垂不朽的精神和信念指引和温暖更多孩子的心灵。

寸草依依空伫望，春晖已上白云间。

书画园地

丁向平作品

刘凤兰作品

郑州"祥林嫂"李冬菊：8年骑行三大洲战胜抑郁

李传云

　　她离婚后患上重度抑郁症，一度住进精神病院。她曾尝试做公益、玩游戏等各种方式，让自己摆脱抑郁，然而都失败了。55岁，她买了第一辆山地车，从此走出封闭的生活。8年间，靠3000元退休金，她一路骑行到法国、新西兰等14个国家。途中她在澳大利亚救过山火，也曾"人在囧途"。不知不觉中，骑行彻底治愈了她的抑郁。当前夫患脑血栓生活难以自理被无情抛弃时，她又以德报怨主动照顾他。2023年春天，65岁的李冬菊突然登上热搜。她的故事，激励了无数人。

遭遇婚变，患上严重抑郁症

　　年过65岁的李冬菊是郑州人，曾是一家纺织机械厂的女工。她44岁那年，因厂子效益不好，伴随着下岗潮，她被迫办理了内退，丈夫却升职为中层领导。

　　下岗之后，她参加了郑州市团委组织的青年志愿者队伍，被安排到火车站检查行李，还义务给人做心理辅导。在此后的4年里，李冬菊既做志愿者，又要洗衣做饭照顾丈夫和儿子，精神很充实。然而一直过着平静生活的她，做梦都没想到，噩运会从天而降。

　　一天晚上，一个年轻女子的电话让她坠入了情感深渊。原来，李冬菊下岗后，丈夫和隔壁办公室的一名漂亮女员工好上了。当时丈夫提出离婚，表示房子归李冬菊，自己把家里的钱带走。李冬菊一怒之下却选择净身出户，和对方办了离婚手续。

　　更让李冬菊心寒的是，前夫和她刚离婚不久，就把小情人娶回了家。得知消息，她简直气疯了。李冬菊伤心又茫然，从此她每天只能睡两三个小时，吃安眠药也没用。

　　白天见着个人，就诉说自己的婚姻遭遇和不幸，就像祥林嫂一样。时间久了，小区里的人都避着她。

　　后来儿子见她的"眼神都直了"，就把她带去医院检查。李冬菊患上了严重的抑郁症，一度住进了精神病院治疗。出院后，李冬菊曾尝试做公益、当义工等，让自己摆脱抑郁，然而都失败了。最终不得不靠药物治疗来维持。

为了继续活下去，她甚至自学过心理疏导，也曾靠疯狂玩网络游戏麻痹自己，但一旦停下来，就是无穷无尽的空虚。而这样的日子，持续了好几年。

2013年，李冬菊在街上看到一群人穿着骑行服骑车飞驰，她一下子就被吸引住了，觉得很酷。李冬菊咬牙买了一辆1000多元的山地车，从此踏上了骑行之旅。

独自骑行，看看外面的世界

她说："一骑上车，马上就有小鸟飞起来的感觉。外面的世界到底什么样？心里装的全是美好的梦想。"

2014年，几个骑友组队骑行东南亚四国，她立刻决定参团。李冬菊带上基础的骑行必备物品和帐篷，拿上自己的老年手机，小心揣好护照，开始向首站越南进发。

不料因为李冬菊年龄大，骑得慢，中途和骑友走散了。后来她想起群友中有位名叫马军的在越华侨，小伙子还不满18岁。两人经常在网上聊天，早在出发前，小伙子就把自己在越南的电话号码给了她。后来李冬菊联系上马军，并应邀在马军家住了几天。小伙子一有空闲，就骑摩托车带她出去散心兜风看风景，让她了解越南的风土人情，品尝当地特色小吃。几天后，李冬菊又遇到一名中国骑友，两人一起骑往河内。

从越南回国后，她仍意犹未尽。接着，又应一位在云南丽江开客栈的群友邀请，去那里做义工。

李冬菊非常喜欢丽江，后来干脆租了房子，又找了份做保洁的工作，在丽江常住下来。那年春节，在家人回家过年的催促下，她果断邀请儿子一家三口前来团聚。李冬菊对儿媳说："机票钱妈妈出，你们都过来，我们全家也体验一下丽江的春节。"

李冬菊在外面越玩越"野"。2015年，她又带着自己的小狗"犀利"，一人一狗一车，首先去了向往已久的西藏。在海拔很高的米拉山上，由于空气稀薄严重缺氧，强烈的高原反应使她浑身乏力，无法正常骑行。危难中，一辆路过的军车主动停了下来，给她喂水，并把她的山地车搬到车上，帮助李冬菊脱离了险境。

接下来，李冬菊通过骑行，又去了新疆、青海等地。有趣的是，李冬菊在环青海湖骑行的时候，和她同行的几个年轻伙伴骑得都比较快，而她因为骑得慢落在了后面。有一天，她在湖边遇到一位残疾人坐着轮椅，轮椅上就放了一瓶水，攀谈中她听了对方的故事，感动之余她伸出了大拇指为其点赞。后来她想了一下，如果只追求骑行速度，反而没有机会遇上这些人、听到不同的故事。此后，她不再急着赶路，骑行的时候也很随性，看见哪里风景好，就停下来，慢慢欣赏。

李冬菊说，在路上骑行时，心也跟着飞了起来。旅途中不仅有雪山、沙漠、戈壁、草原等美丽的风景，更有夜空中闪耀的星光。她呼吸着荒野的空气，走近每个角落里的故事，去听鸟叫虫鸣、风声雨声，去看群山环绕、繁花盛开……

2016年，李冬菊去了欧洲，第一站是法国。原本是3个骑友结伴前往，但另外两人都没能成功办理签证，最后她只能独自前往。语言不通，她就靠手机翻译来问路。因为只有3000元的退休工资，李冬菊为了省钱，住宿基本上靠搭帐篷、住免费营地，或是应当地人邀请当"沙发客"；酒店肯定是消费不起的。

路上，李冬菊也很少在餐馆吃饭，食物基本都是在超市买。她喜欢跟着当地一些老头和老太太，一起去逛超市，看人家买些什么打折的食品。后来她发现，越是临近超市关门的时间，食品的折扣越大。比如蛋糕

骑行旅途中的李冬菊

的正常价格是8欧元，下午4点可能只需要5欧元，而临近关门的时候则只需要1～2欧元就能搞定。更有趣的是，在饭馆打烊之前买临期食物，半只烧鸡只要5欧元，够她吃两顿。

在超市买好餐食之后，李冬菊会去图书馆蹭网络，或者充电，顺便上网传照片、写东西，等到快要天黑了，再前往选定的地点搭帐篷，结束自己一天的奔走。一个人骑行是挺孤单的，她觉得吃饭是最幸福的时光。

每次骑行前，她都会提前查阅路线、地形、天气变化等情况。但无论准备如何充分，骑行过程中，永远有预想不到的困难和危险。暴雨、狂风、降雪、风沙……糟糕的天气也是骑行中的常态。

此后，李冬菊又通过骑行游览了塞尔维亚、波斯尼亚和黑塞哥维那、黑山、克罗地亚、摩纳哥等国。令她难忘的是，一次她骑到人烟稀少的地方，精疲力竭，口渴难忍。后来一位开着越野车的中年女士拿出很多水果给她吃，还开车把她送到40多千米外的一个小镇附近。

8年游历14国，骑行治愈了抑郁

游历欧洲后，2019年，李冬菊又开始骑行大洋洲，历时4个月穿越澳大利亚和新西兰。一路充满奇遇，她甚至还成了"热门人物"。

在澳大利亚骑行的时候，有一天，李冬菊在森林里闻到了烟味，再往里走了100多米，一看有火苗了！她赶紧骑车返回就近的服务区，叫了两个当地男孩一起过来查看，最后他们一起报了警，成功预防了一场"山火"。扑灭火苗后，他们都格外兴奋，其中一个男孩把这段经历发在"脸书"上，并配上照片。李冬菊没想到，自己竟然因此出名了。后来她骑行到很多地方，都有人冲她喊"hello"，给她加油，李冬菊感觉自己就像明星一样。

这次旅程让李冬菊终生难忘，她说自己看到了最美的风景。一望无际的海岸线和以蓝色、绿色为主体色的风景，见证了她骑行生涯中无数个"高光时刻"。

在新西兰骑行时，李冬菊跟着骑友去葡萄园采摘，在那里，她吃到了一生最美味的葡萄。旅行必然舟车劳顿，但疲惫的表象之下，是一生难忘的独家回忆。李冬菊觉得开心而自豪。她在论坛上写游记，被越来越多读者喜欢。

在长达8年的骑行之旅中，李冬

菊也曾很多次"人在囧途"。譬如在2019年11月，装有她所有骑行装备、现金和证件的背包被偷走了，手机电量耗尽，不会英语也不能借助手机翻译，她比画着请一个女孩帮忙报了警。幸好第二天早上警察把包送回，她打开包一看，所有的东西都在，钱也还在，这趟旅程才得以继续。

虽然李冬菊一路上遇到过很多危险，但更多的是来自陌生人的善意。旅途中很多人都是主动帮助她的，有的送东西，有的给她找免费的营地，有的邀请她去家里做客。在新西兰，李冬菊去沙发客的家里，对方让她体验生活，又帮她修车，带她看风景、泡温泉、吃烧烤。如果不出门旅行，绝对不可能有这么丰富的人生体验。

8年间，李冬菊骑行三大洲，14个国家。她走过的路程，比很多人一辈子走的都要多。她说，骑行只是一种挣脱束缚的方式，让人改变的，并不是骑行本身，而是拓宽生活边界的勇气。不知不觉中，她的抑郁症也彻底好了。

经历了无数次旅行，结识新的朋友，尝试新的事物，了解不同的文化，李冬菊开始重新审视和对待自己的生活。她说，前半生自己就像笼里的小鸟，没有自我；后半生像一只野狼，自由自在，自强自立。

令李冬菊没想到的是，2023年初，离婚18年的前夫患上了脑血栓，生活难以自理。而再婚的妻子竟然绝情地扔下他，办完离婚手续一走了之。让人震惊的是，看着昔日的丈夫落得如此下场，李冬菊不仅没有骂他罪有应得，反而在危难中主动担起了照顾他的重任，每天都给前夫做饭喂饭、按摩治疗，她也因此登上热搜。

对此很多人不理解，甚至骂她"犯贱"。有网友问李冬菊恨不恨前夫，她说，刚离婚那会儿确实恨他，但现在对谁都没有仇恨了。曾经的恨是真的，但曾经的感情也是真的，看过更广阔的世界后，李冬菊学会了与自己的痛苦和解，但却从未丢下过内心的柔软。

如今李冬菊还玩起了直播，将自己旅途的故事，讲述给网友们听。她想用自己的亲身经历，去激励更多的人，尤其是抑郁症患者。

与此同时，李冬菊还有一个愿望，就是把自己骑行游世界的故事写成书，用稿酬去帮助那些上不起学的贫困山区的孩子。她说，生命不息，战斗不止。只要自己还能动，就会继续骑行。

王明贞：清华大学第一位女教授

张德强

她是清华大学首位女教授，也是我国最早的女物理学家之一，被称作"中国的居里夫人"；她3次留学失败，一生无子，把全部精力献给了科学，却从未向国家提过任何要求；她一生成就众多，桃李满天下，但无儿无女，最后连自己的身体都奉献给了医学研究。综观王明贞的一生，真正做到了"春蚕到死丝方尽，蜡炬成灰泪始干"。

生于书香名门，却差点没学上

1906年，王明贞出生于江苏省苏州市十全街上的王家老宅里。她有着显赫的家世，祖上是明朝正德年间的户部尚书王鏊。祖父王颂蔚是晚清宫廷近臣，他有个弟子叫蔡元培；祖母谢长达是中国女权运动先驱，创办了苏州振华女校，培养了费孝通、杨绛等一批大家。王明贞的父亲王季同和伯父王季烈，则分别是清末民初著名的数学家和物理学家。

虽然出身于这样的"学霸"家庭，但王明贞的求学之路却并不顺遂。她出生后不久，生母就去世了，继母不怎么待见这个女儿。因此，王明贞小小年纪就感受到了人情冷暖，养成了安静又不失坚忍的性格。

10岁那年，祖母看到王明贞给弟弟们穿衣服，便将她的继母叫来一通训斥：她这个年纪，应该去学校念书，怎么能将她留在家里当使唤丫头？随即就将孙女带到自己创办的学校读书。

虽然入学晚，但王明贞天资聪颖，没多久便连跳数级。初二那年，她随家人迁居到上海，就读于一所教会学校——晏摩氏女中。这里的学生大都家境优渥，但自幼不被继母关爱的王明贞，吃穿用度都很寒酸，一度被同学们嘲笑。

遇到下雨天，她只得穿着表哥不要的宽大雨鞋，走起路来极为滑稽；每次返校，同学们都从家里带些零食，而她只能空手而返。为避免尴尬，每逢同学们交换零食时，王明贞总是避而远之。但这样的环境并没有影响到她的学习，读了三年中学，她始终保持着全班第一的成绩。

1926年中学毕业后，王明贞想读大学，却遭到父母的反对。她的父亲是自学成才，也希望儿女们能像自己一样；继母则给她定下一门亲事，男方是王父好友的儿子，想尽快前往德国留学，因此特意送来了订婚戒指。眼见读大学无望，王明贞只得答应了这门婚事。不久，姐姐王淑贞学成归国，得知妹妹的心思后，全力支持她读大学。在姐姐的帮助下，王明贞考进了金陵女子大学。

在大学里，她的天赋一如既往，不仅跳级选课，还经常为同学们解答物理难题。可赶上期末考试时，教授却因为王明贞是低年级学生，没有认真阅卷，单凭印象在成绩单上给她打了个"B"。自尊心很强的王明贞，无法忍受被区别对待，一气之下转学去了北平的燕京大学，专攻物理。大学毕业后，王明贞向往着和哥哥姐姐们一样出国深造，可第一个阻拦她的人又是父亲，父亲说："你还有婚约在身，能读完大学该知足了。"而此时的王明贞，不再是当初的懵懂少女，她意志坚定地告诉父亲：要么让我出国，要么让我去死！

最终，还是姐姐帮助王明贞说服了父亲，在姐姐的鼎力相助下，反对包办婚姻的王明贞最终逼着父亲帮她

与未婚夫解除了婚约。可接下来，王明贞的留学之路却是一波三折。

成为留洋女博士，42岁才结婚

1930年，王明贞第一次向美国密歇根大学提出申请，就得到了校方4年全额奖学金的承诺，可继母并不赞成她留洋，拒绝资助她前往美国的旅费。王明贞是个独立倔强的人，她不愿意向哥哥姐姐们开口要钱，只得放弃了这个机会。

为积攒留学的费用，王明贞在燕京大学一边读研究生，一边做助教，并在两年后，拿到了燕京大学物理硕士的学位。其间，她以第一名的成绩获得了"庚款考学"公派留学的资格，却遭到主考官的反对：派个女的出国学物理，纯属浪费钱！

得知王明贞的困境，金陵女子大学校长吴贻芳深感不平。她给密歇根大学写了封推荐信，校方随即承诺，欢迎王明贞来校研读，4年全额奖学金持续有效。当年夏天，32岁的王明贞踏进了梦寐以求的密歇根大学，成为她所就读的物理系里唯一的外国人，也是唯一的女性。

在异国他乡的高等学府里，王明贞的物理天赋和才华展露无遗。第一学期电动力学课程期中考试，全班男生的试卷最高分是36分，王明贞

考了100分，气得教授指着男生们痛骂：比起她，你们真是一群笨蛋！第二学期的理论力学课，教授讲到钟摆的游丝问题时无法求解，他当众宣布，谁如果能解决这个问题，可以获得一笔不菲的奖励。经过几天的思考，王明贞求得了答案，随后她与教授合作，将解决思路写成论文发表在业内著名的学刊《应用物理》上。

在密歇根大学读书期间，王明贞的表现极为抢眼，她曾三次获得密歇根大学最高荣誉的金钥匙奖，还与导师合作发现了电子自旋现象；两人联合发表的一篇关于布朗运动的论文，至今在学术界仍有影响力。从密歇根大学拿到博士学位后，王明贞作为唯一的女性，被推荐到麻省理工学院雷达实验室工作。

第二次世界大战结束后，美国流传着一句话："为我们终结战争的是原子弹，帮助我们赢得战争的是雷达。"从这个角度而言，王明贞是为美国赢得战争的核心人物。1946年，王明贞回到国内，受聘于云南大学物理系，也是在这里，她结识了后来的丈夫俞启忠。和苏州的王家一样，俞启忠身后的绍兴俞氏，也是近代中国显赫的世家大族。

1948年，42岁的王明贞与俞启忠走进了婚姻的殿堂，这个年龄的新娘就算放在如今也是超级晚婚，可王明贞却并不在意。志同道合的婚姻，无关年龄，遑论世俗。俞启忠的专业是农学，为了开阔丈夫的眼界，王明贞带着俞启忠再次来到美国深造。出于生计，她在诺特丹大学物理系寻了一份研究员的差事，为美国海军部做课题研究。造化弄人，不久，抗美援朝战争爆发，中美成了敌对国，不愿为敌国效力的王明贞决定回国。可由于当年王明贞在雷达实验室的工作经历，美国移民署对她百般刁难，甚至威胁她，如果偷偷回国，就让她把牢底坐穿。

此后的几年里，失去了工作的王明贞，不断地向移民署寄送材料，最艰难的时候，夫妻俩生活难以为继，只得在旅馆里打工度日。即便如此，她仍然无怨无悔。

1955年，王明贞再次向移民署递交申请，这次终于等到了对方的回应："滚吧！"

几个月后，包括王明贞夫妇在内的70多位科学家，登上了前往中国的轮船。起锚的那一刻，所有人无不热泪盈眶。

回国后，王明贞被分配到清华大学教物理，成为清华大学第一位女教

王明贞夫妻二人的回国申请终被批准，
在美国开心合影

授。这也就意味着，她从物理研究转向教书育人。与她一起分配到清华大学物理系的，还有钱学森在加州理工学院的同学徐璋本。当时校领导将徐璋本评为三级教授，王明贞为二级教授。得知此讯的王明贞，当即找到校方，要求将自己降为三级教授，否则就离开清华大学。

一生无儿女，把自己奉献给祖国

能力突出的王明贞，在清华大学被称作"中国的居里夫人"。而以她为代表的王家后人，这时已经把家族荣耀传承并拓展至了巅峰：王明贞的哥哥王守竞，是中国第一位享有世界声誉的理论物理学家；姐姐王淑贞是上海妇产医院的创始人；弟弟王守武、王守觉都是顶级的半导体专家。不仅如此，王明贞的妹夫陆学善，是中国X射线晶体学研究的主要创始人之一；两个表妹何怡贞和何泽慧，也都是著名的物理学博士。当时中国仅有的7位留过洋的女博士，王明贞和两个表妹，就占了3个。而且她表妹何泽慧的丈夫，是中国著名的物理学家、"两弹一星"元勋钱三强。俊采星驰，群英荟萃，这个家族堪称中国近代最强的书香世家！

王明贞治学极为严谨。每次开课前，她都经过认真备课，每一个公式、每一项系数都要亲自推导检验，并鼓励学生与她积极讨论。除了教学，王明贞拒绝参与校内的其他领导职务。她的想法很单纯，既然选择了教学，那就尽其所能为祖国培养人才。在清华大学任教的13年间，淡泊名利、恪尽职守，是王明贞最闪耀的精神标签。

然而，就是这样一位与世无争的知识分子，却因为一场运动，与丈夫双双身陷囹圄。受人敬重的物理学家，变成了阶下囚，这种强大的身份落差，没有击垮王明贞的心理防线。正如她后来在自传中讲述的那样：

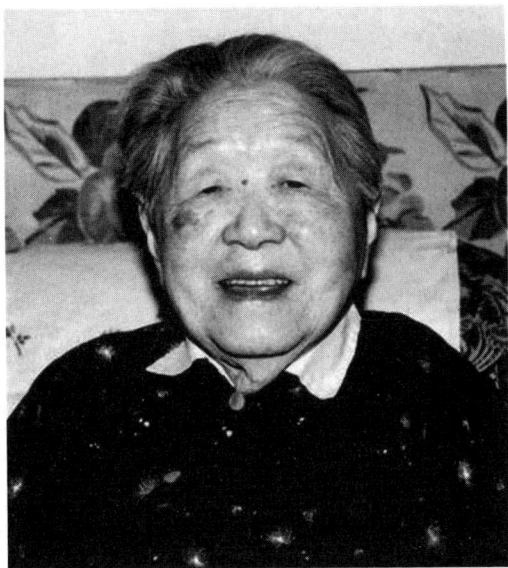

王明贞晚年照片

"我虽然不怕死，但确实不想自杀，只要有一口气而且头脑清醒，我就可以为自己辩护，不让他人将莫须有的罪名加在我头上。"

1973年11月9日，王明贞被释放回家，而她的丈夫俞启忠直到1975年4月才恢复自由。4年后，夫妇俩被平反，王明贞于当年办理了退休。从此，她如同一位归隐田园的武林高手，事了拂衣去，深藏功与名。当圈里人还在为她曾经发表的论文惊叹时，她只是安静地窝在自家的藤椅上，兴致勃勃地设计和缝制棉袄。

经常有国外学者邀请她出席国际会议，她无不谢绝。一生无儿无女的王明贞，晚年没有向组织提出过任何要求。仅有的一次，她还心怀歉意地对清华大学的一位老师说："老俞万一走了，你们能不能过来帮忙，我怕我抬不动他！"

1995年11月，与王明贞相濡以沫了半个世纪的俞启忠离开了人世。丈夫去世后，王明贞与照料她的老保姆一起生活。她对物质生活的要求极低，公寓一住就是40多年，一把藤椅还是1955年回国时买的。2010年8月28日，王明贞在家中病逝，享年104岁。遵照她与丈夫生前的约定，两人去世后将遗体捐献给北京大学第三医院供医学研究。这对理想主义夫妻，最终以这样的方式，完成了永恒的精神共鸣。

"我生来不是为了分享家族的荣光，而是为了增加它的荣光。"王明贞生前曾经这样对外界回应道。日月当空，遍照天下，曰"明"；正，定，不乱，曰"贞"。回顾王明贞这一生，明德惟馨，贞于家国，这个名字，她担得起。

小木匠打造千亿"石化王国"

王新同

2023年3月底,一条消息在海内外引起关注,大名鼎鼎的沙特阿美石油公司,以246亿元人民币的价格,收购了李水荣旗下的荣盛石化10%的股权,并向他每天供应48万桶阿拉伯原油。一时,李水荣成了热门人物。因家庭贫困,他16岁就跟人打工做木工活。这个小木匠从开木材厂做起,靠着超前的眼光和快速的行动,开纺织厂,创建中国首家民营石化企业。如今又打造出了全球最大的化工原料芳烃生产基地。他的故事,比电视剧都精彩。

20万元起步,进入纺织业

李水荣,1956年生于浙江萧山党湾镇勤劳村,在家中六兄妹中排行老三。小镇靠近钱塘江。当年,颇有生意头脑的爷爷从绍兴来到这里,开了一家印染厂。由于用水方便,染料从德国进口,生意越来越好。

倒霉的是,有一次钱塘江突发大水,一下就将李家的厂房、机器等全部冲走了。一家人欲哭无泪,从此家道中落。李水荣16岁就辍学出去打工,赚钱养家。当时他跟着一位老师傅,学习木匠手艺。几天下来,李水荣的双手早已青一块紫一块,腰酸背痛是家常便饭。李水荣回家跟爸妈哭鼻子,妈妈窝在厨房做饭,假装听不见。她知道,等儿子哭累了,精气神儿也就恢复过来了。

就这样,李水荣一点点扛了下来,20多岁时就颇有名气,成为手艺精湛的木匠师傅。后来他又带着几个徒弟,开了一家木材厂。当时,镇上仅此一家木材厂,再加上李水荣做生意厚道,生意很不错。

不料时间不长,就有不少跟风者,当地陆续冒出许多木材厂,他们大打价格战,活生生分走了李水荣的老客户。他对此颇感头疼,感觉再这样下去大家都要倒霉。不久李水荣发现,隔壁的绍兴布业一片繁华,他想,这定是萧山日后的现状。于是经过深思熟虑后,1990年,34岁的李水荣果断卖掉了木材厂,东拼西凑凑足20万元,买了8台旧织布机,在城里租了一处破旧的房子,成立了一家布厂开始做布料，他认为这比做木头更有利可图。

当时很多人并不看好，认为李水荣这样的木匠去织布，很可能会血本无归。但出人意料的是，他生产的布料因质量好，在市场上成了香饽饽。短短5年，布厂规模越来越大，织布机一下增加到100台。

但比起其他行业，纺织业门槛低，后来江浙地区的老板们见有利可图，纷纷开厂，结果导致产能严重过剩。1996年，整个化纤行业进入低潮，工厂普遍出现亏损。不少厂子及时止损，纷纷关门遣散工人，有的甚至直接倒闭，老板跑路。

而李水荣不仅没有退缩，反而一反常态疯狂往里面砸钱投资。大家都笑他"钱多人傻"，他却觉得同行们纷纷撤场离开，这正是抢占市场的好机会。巴菲特的"别人恐惧我贪婪"，是李水荣经常讲的一句话。因为根据经济周期推断，他知道这场危机持续不了多久，只要撑过去，一定能迎来回暖。

李水荣一直做的是属于下游产业的布料加工，门槛低竞争又激烈，只能赚点蝇头小利。因此他决定趁这次危机，掉头往上游走。此后，他开始转战利润非常丰厚的化纤原料，上线涤纶加弹丝项目。但这种项目投资大、风险高，一旦发生意外就会倾家荡产。此时，李水荣决定搏一把，一下投入5500万元。妻子知道后大吃一惊，非常担心地说："这也太冒险了，难道你吃了熊心豹子胆？"李水荣却笑着说："有熊心豹子胆，才能做成大事！"

果然如他所料，仅仅过了两年，纺织业复苏，涤纶加弹丝需求量暴增。李水荣又趁机引入两条纺丝生产线，做附加值更高的聚酯切片纺。后续，他又连续两年扩建纺丝项目。

2001年，李水荣的公司营业收入达到10亿元，李水荣一口气夺下萧山纺织业的半壁江山。2002年，他的"荣盛"还被评为萧山区工业"冲千亿"突出贡献企业，李水荣成了区政府奖励的8辆宝马车的车主之一。

打造"石化王国"，登上全球富豪榜

更令人惊讶的是，此后，李水荣又先后投资，在宁波、大连和海南新建了3个PTA（聚酯的原料）生产基地，总产能达1350万吨，超过全国总产能的四分之一。

2006年，他的公司收入继续飙升，达到100多亿元，在短短8年里收入增长100倍，位列全国化纤行业前10强。能取得如此辉煌的成就，在当时的民营企业中是非常罕见的。

2009年初，李水荣经过国内外市场调查后发现，我国生产PTA的原料芳烃，80%以上靠国外进口，价格高得离谱不说，这个产业还一直被国外卡着脖子。为什么我们不能自己来生产芳烃呢？他知道，芳烃在国内每年的需求缺口达2000万吨，而且产品的附加值很高，这是一个多大的商机啊！

可当时不少人对投入这个项目都是排斥的，怕做芳烃会污染环境，导致老百姓闹事。也有人说，公司的生意这么好，何必再去冒风险。李水荣却认为，外界对这个项目缺乏正确的认识。他一边跑到北京向国家部委提出申请，一边跑当地政府，向他们保证，项目一旦上马，一定按国家标准排放，绝对不会污染环境。

2009年4月，李水荣投资110亿元开始建设芳烃项目。建成投产后，年产芳烃200万吨。由于李水荣信守承诺，一直严格按国家标准排放，不仅没有造成任何污染，还通过大面积搞绿化，净化了周围环境。

就这样，李水荣不断创造奇迹。2011年，他以324亿身家，登顶浙江财富榜首位。这一年，他55岁。

2012年10月，李水荣受邀去浙江理工大学讲课，300多人的报告厅座无虚席。两个多小时里，他讲了自己当小木匠的经历和创业理念。讲课结束时，掌声经久不息。教授们私下都发出这样的感叹：这个李总太了不起了！

李水荣虽然已在纺织业混出了名堂，可他很早就想进军石化行业了，怎奈当时国家不允许民营企业涉猎，而做这些的，都是中石油、中石化麾下的大企业。普通人有野心，但几次碰壁后会直接掉头去做别的生意，可李水荣却死活不甘心。朋友们劝他要有点自知之明，一家民营企业想要进军石化行业，简直就是天方夜谭。但李水荣偏不信邪，越是不可能的事，他偏要试试。

他一直干巴巴地等着，期盼新政策的出台。由于我国纺织行业原材料长期受日、韩和新加坡等国的制约，2014年，国家石化基地终于打开城门，向社会资本开放。李水荣得知消息，兴奋得一夜无眠。在当地政府的支持下，他一举拿下舟山这块风水宝地。舟山绿色石化项目，正式拉开筹建序幕。

当时，龙头企业恒力集团，在大连长兴岛也才规划每年2000万吨的芳烃产能。可李水荣出手就一鸣惊人。他启动每年4000万吨炼化一体化项目，压了行业老大一头。

但在庞大的炼化项目面前，李水荣根本没这么多钱。没办法，他只能拉人入伙，组建混合所有制企业，大家一起干。有的合作伙伴还半开玩笑地对李水荣说："你是掌舵人，我们跟着你坐在同一条大船上，啥都不怕！"

但他总归是带头大哥，要承担最大的风险。当时李水荣的负债已高达950亿元，负债率高达72%。尽管压力山大，他仍然一声不吭铆足劲干。

舟山绿色石化项目，是我国第一个由民资控股的石化项目，也是国内迄今为止民营企业投资规模最大的，对稳投资起到了示范带动作用。李水荣的魄力和实干精神，得到了中央有关部门和领导的认可。2018年11月8日，他应邀赴京参加国务院经济形势专家和企业家座谈会。在中南海的会议厅里，国务院各部委的负责人全都来了，而来自全国各地的只有三个专家、三个企业家。当轮到李水荣发言时，一位中央领导笑着说："他是我点名邀请的！"

2020年，李水荣的一条年产2000万吨芳烃的生产线全线打通。此举使公司规模又翻了一番，差不多等于再造了一家公司。李水荣一跃成为中国民营石化行业的领军人物。

2022年1月，李水荣的年产4000万吨炼化一体化项目全面投产，让其一举成为全球最大单体炼厂，也是全球最大的芳烃生产基地。

在2022年胡润研究院发布的《胡润全球富豪榜》中，李水荣以950亿元的资产名列第132名。胆大、敢吃螃蟹，外人是如此评价他创业成功的逻辑。但李水荣说，他成功的真正秘籍，是超前的眼光、快速的行动。

小赚246亿元，与沙特阿美强强联手

熟悉李水荣的人说，如果他因循守旧，可能现在的"荣盛"只是一家普通纺织厂。正因为他那过人的胆识，才将公司一步步推上新舞台。

2023年3月底，李水荣再次引起亿万人的关注。原因是，全球大名鼎鼎的沙特阿美石油公司，非常看好这家中国民营石化企业，通过洽谈，最终以246亿元人民币的价格收购了李水荣旗下的荣盛石化10%的股权，并向他每天供应48万桶阿拉伯原油。消息传出，在海内外引起热议。

李水荣常说自己很贪婪，做生意总带着几分博命的狠劲。明知道不可能100%赢，但他清楚，只要下足

100%的功夫，就算失败了也不会输得太难看。

前不久李水荣参加一个电视节目时，主持人问他："这些年辛苦吗？"李水荣笑着说："想做事，哪有喊辛苦的道理？做事的时候心不苦，更没时间喊苦。累了睡半个小时就好了。"

有趣的是，虽然是富豪，但在生活中李水荣是个很俭朴的人，不崇尚名牌，也不喜欢打牌搓麻将。就连理发，他一直都是在老家镇上一位老师傅开的理发店里。

李水荣说，他最大的乐趣，就是与家人在一起。平时无论多忙，每周都会抽空和家人一起吃吃饭，聊聊天。

可对社会公益事业，他却尽心尽力，乐此不疲。因为从小家里穷，读不起书，李水荣总是特别心疼那些读不起书的孩子。有一次公司招工，面试时李水荣了解到一名正读高中的男孩也前来参加面试，因家境贫困只得辍学出来打工。他要求这孩子先别找工作，马上去读书。李水荣承诺，孩子读书的学费和伙食费，都由他来负责，直至这位学生后来到英国留学深造。在李水荣看来，什么样的年纪做什么事，该读书的时候就不要过早步入社会。

李水荣近照

此外，李水荣还经常去萧山偏远地区，重点考察当地的教育。遇到条件艰苦的学校留不住教师，李水荣就成立了"荣盛教育奖励基金"。从刚开始出资5万元，一直追加到以后每年出资150万元。现在这个教育基金本金已达2000万元，每年用来奖励当地出色的学生和教育成果显著的教师。多年来，在公益事业方面，李水荣捐赠了近1亿元。

李水荣有一句座右铭：做事唯实，做人唯德。这样一种品格不仅帮助他走向事业的巅峰，也赢得了身边人的尊重。

被动植物打败的军队

欧阳军

人类作为地球上的一种生物，没有尖牙利爪、厚皮硬甲，只能通过制造各种具有攻击性的武器来保护自己。随着科技发展，武器变得越来越先进，杀伤力也越来越强大。但是拥有长枪大炮的我们，就真的在自然面前"无敌"了吗？有的动植物就向人类军队发起了攻击……

被蝴蝶围攻的军舰

蝴蝶这种美丽的生物，历来是美的化身。然而，对于1914年的"德意志"号来说，却是一场名副其实的灾难。那数以千万计的蝴蝶究竟是如何飞到大海上的，又为何选择"德意志"号作为攻击对象？这是海战史上的一个不解之谜。

1914年，第一次世界大战的烽火刚刚燃起，整个欧洲大陆笼罩在一片战争的阴霾中。这天，印度洋上空天气晴朗，在波涛汹涌的波斯湾海面上，德军的补给舰"德意志"号正满载军需物资急速行驶。船长隆贝克双眉紧皱，不时用略带沙哑的嗓音向舵手发出指令。年轻的舵手神情严肃，全神贯注地操纵着方向盘。"德意志"号不是头一回远航，船员们对这里的海况也了如指掌，但由于附近海域经常会遭到潜艇神出鬼没的突袭，所以他们的脸上阴云密布，时刻保持着高度的警惕。

"德意志"号终于驶离波斯湾，隆贝克这才松了口气。作为最高指挥官的他已经好长时间没好好合过眼了。就在这时，他忽然发现海空骤然阴暗下来。在大海上航行，风云变幻是常事，然而眼前并没有出现乌云，也没有雷电来临前的迹象。他推开舷窗，立即听到了一阵奇特的"嗡嗡"声，在海天之间一大片云状的东西正以迅疾的速度铺天盖地向他们覆盖过来。隆贝克慌忙举起望远镜，万分惊讶地叫出声来。

他发现不知从什么地方飞来了数以千万计的蝴蝶组成的云阵，它们浩浩荡荡，遮天蔽日，扑向"德意志"号，转眼间军舰就被包围了。然后蝴蝶如同潮水般迅速涌进船上的每个角落，顷刻之间就密密麻麻地布满了甲板和船舱，连烟囱和缆绳也被它们占据了。船员们被这突如其来的袭击惊呆了。还没等他们回过神来，各人脸上、身上都落满了蝴蝶。舰上官兵顿时乱作一团。他们在甲板上四处乱奔，挥舞着双手，拼命驱赶。然而，这些平时招人喜爱的小动物，此刻却成了无法驱赶的魔鬼。

隆贝克已有几十年航海经验了，却从未见到过这样可怕的景象。一瞬间，他的"德意志"号已经完全被蝴蝶占领。蝴蝶群开始向驾驶舱进攻了。隆贝克惊呼一声："不好！"一个箭步冲出驾驶台，挥舞双手大声命令船员赶紧打开灭火机。顿时，白色的泡沫四处横飞，受到袭击的蝴蝶更是横冲直撞，一群蝴蝶在泡沫中如纸片般落下，更多的蝴蝶又前仆后继冲上来。

几分钟后，灭火机失去了威力，而"德意志"号却陷入了至少一千万只各种各样蝴蝶的重重包围之中。船员们已经无法睁开眼睛，呼吸也十分困难，绝望地尖叫着狂奔。无计可施的隆贝克想下达最后的命令，加快速度冲出重围。可是，已经来不及了。蝴蝶大军把他压迫得喘不过气来。与此同时，他感到军舰在剧烈地摇晃，

舵手再也看不清航向。隆贝克意识到那可怕的一刻就要降临了。

随后，在一片惊恐而绝望的喊叫声中，失去控制的"德意志"号迎面撞上了礁石。灭顶之灾降临了，就在"德意志"号白色的桅杆最后在海面上颤动的那一刹那，蓝色的海面上腾起了成千上万只蝴蝶，浩浩荡荡、密密麻麻，一下子便全部消失得无影无踪了。

向美军开战的信天翁

1942年夏天，美国、日本在太平洋的争夺战进入了白热化阶段。日本海军为扩大战果不断调兵遣将，准备一举拿下中途岛。

为粉碎日军的美梦，美军也在加紧备战。当他们发现北纬30°附近有一个无名荒岛对中途岛之战十分有利时，就立即派出一艘战舰悄悄前往占领该岛。然而，他们的行动遭到岛上的"原住居民"——信天翁——的顽强阻击。

尽管美军后来开枪直杀得信天翁尸横遍野，血流成河，但信天翁仍继续顽强地与美军对峙。美国海军总部立即抽调附近海域的其他军舰增援，并从中途岛调来十几架飞机助战，同时又派登陆舰向岛上运送坦克和推土

机等。受到陆、空夹击的信天翁伤亡惨重，但它们仍不屈服，信天翁集群冲向飞机，惊得美机连忙避开。

不久，信天翁又从附近的海岛搬来救兵，继续战斗。只要枪炮一间断，它们便成群地俯冲下来，对人又啄又抓。这时总部派来的轰炸机赶到，轮番轰炸也无济于事。不久，信天翁的援兵也源源不断地赶到，此时美军只好使用毒气攻击，这使得信天翁伤亡惨重。当毒气消散，美军把坦克、推土机等开上岛，准备抢修军事基地时，邻岛上的信天翁同盟军又铺天盖地而来，啄破了推土机的玻璃窗，驾驶员吓得浑身发抖。虽然在坦克和装甲车的高射机枪的扫射下，压住了信天翁的攻势，美军连夜抢修了一条简易跑道和公路，但第二天太阳一出来，从四面八方赶来的信天翁降落在飞机跑道上，任凭美军开枪开炮，它们总是前仆后继，昂头大叫，似乎在向美军庄严宣告：头可断，血可流，但我们的家园寸土不能丢！面对信天翁如此顽强的抵抗，美军太平洋舰队也束手无策。对峙下去，美军只会空耗大量的人力物力，徒劳无益。

无奈之下，美国海军总部不得不命令部队撤离该岛。美国军方后来在整理太平洋战史时，对这场人鸟之战作了风趣的评价：是消灭"敌人"最多的战斗，歼灭信天翁百万只以上；输得最没面子的也是这场战斗，海陆空三军竟被信天翁击退。

被蚂蚁吃掉的部队

北非战争（1940年9月—1943年5月）中，法西斯德国的著名战将"沙漠之狐"隆美尔，节节败退于英国名将蒙哥马利率领的英国第八集团军之手。为挽回败局，老谋深算的隆美尔派出一支由西姆将军率领的精锐部队，迂回穿越非洲原始森林，企图用奇兵突袭英军后方。

这支由西姆将军率领的精锐部队共有1800人。进入原始丛林后，西姆开始每天定时与隆美尔保持无线电联系。但第三天后，隆美尔就再也收不到他们的任何信号了。不久，隆美尔派出另一支部队深入丛林搜寻。在一个不知名的湖边，搜寻人员惊恐地看到了这样的场景：三四平方千米的地面上，遍布着一具具骷髅架，有的完整，有的散落，不仅皮肉、毛发，凡含有纤维、蛋白质的物品，无一例外一无所剩。而武器、手表、金属纽扣、眼镜等则完好无损。经搜集清点，现场共有1764具尸体，同时还发现了大量体形巨大的蚁尸。

此时，德国人终于明白了事情的真相：原来西姆和他的军队被蚂蚁吃掉了。这种名叫黑刺大腭蚁的蚂蚁，体形大如拇指，通常生活在中北非，每隔两三百年就有一次集团性大爆发，数以亿计的蚂蚁聚集成群，浩浩荡荡地朝着一个方向前进，遇山过山，逢水过水，疯狂地吞食着路上的一切可食之物。西姆的部队刚好遇上了黑刺大腭蚁的集团性大爆发。从现场来看，西姆的部队曾用机枪、手榴弹、火焰喷射器等武器抵抗过，但无济于事，最终还是被这些个体大、集合起来更为庞大的食人蚂蚁吃掉了。

被鳄鱼吞食的士兵

位于孟加拉湾东岸缅甸的兰里岛，以风景秀丽著称。小岛周围水面波平如镜，水中到处矗立着数不清的莽莽苍苍的"山脊"。其实这些"山脊"是鳄鱼——这是一座著名的鳄鱼岛，岛上长期居住着数万条鳄鱼。它们借助这里奇特的地形地貌和特有的保护色，平静地生存和繁衍。

1945年2月19日，太平洋战争已接近尾声。在孟加拉湾海域巡逻的英国舰队截击了一支企图从海上撤回日本的侵缅日军船队（由于记录的残缺，这支日军的番号无从查考）。双方展开了激烈的炮战，英军舰队力量远胜于日舰，不一会儿，日军的几艘护航炮艇被击沉。乘载有1000多名日军的两艘运输船，慌忙驶到兰里岛周围，日军在那里登陆，打算把兰里岛作为阵地负隅顽抗。

岛上日军的顽强抵抗给英军造成了很大的麻烦。激战到天色渐晚，英国舰队一时很难消灭这股上岛的日军部队，于是一边对小岛进行海上封锁，一边研究和制订第二天的作战方案，各舰指挥官接到命令后陆续来到了指挥舰上。

入夜，疲惫的日军七零八落地躺在地上。正当他们准备好好睡一觉来应付第二天的战斗时，突然，他们白天没有注意到的那些鳄鱼蹿出水面，向他们猛扑过来。原来，当英日海军白天激战时，鳄鱼被吓得藏入了水中。天黑以后，随着潮水退去，一群群鳄鱼都被岸上死伤士兵身上发出的血腥气味引了出来。已经疲惫不堪的日军被突如其来的鳄鱼的猛烈进攻惊呆了，他们虽然拼命用机枪、步枪向鳄鱼射击，但还是招架不住鳄鱼群的凶猛袭击，顷刻间，惨叫哀号之声响遍整个沼泽。

在岛外指挥部里，英国军人正在讨论，突然舰上值勤人员急匆匆地跑来报告说，岛上日军突然传出激烈的枪声和乱哄哄的喊叫声，估计是与其他部队发生了战斗。这种情况让英军非常困惑。指挥官询问值班军官有没有部队同英军联系，值班军官回答说没有，舰队指挥官立即派遣一艘小艇去调查情况。

东方发白的时候，前去侦察的小艇飞速返回指挥舰报告，从艇上下来的侦察兵个个脸色苍白，一副恐惧的样子。"报告长官，全是死人，还有鳄鱼！"被过度惊吓的侦察兵语无伦次地说。当英国军队上岛时才发现，满岛都是被鳄鱼撕碎了的日军尸体和上百条被枪弹击毙的鳄鱼尸体。1000多名日军几乎都成了鳄鱼口中的美味佳肴，整个小岛都被血水染红了。最后，他们仅找到了20名幸存下来的日军士兵，但看上去这些幸存者的神经已彻底崩溃。

赶跑工兵连的蛇群

1969年夏季的一天，美军第七集团军某部接到潜伏命令，上尉马丁奉命带领100多名士兵日夜兼程，午夜他们终于深入越军重要阵地的附近，赶到了潜伏地段。一到潜伏地段他们就修筑掩体，并派出工兵排的30多人到河边背石头加固掩体。

不料，有一个士兵在掀开一块石头后，发现下面有两条缠绕在一起的蛇。出于好奇，他用刀把蛇挑了起来。这下可糟了，受到惊吓的蛇飞快地咬了他一口，顿时他的脸上血流如注，不久就死了。同伴们赶来营救，他们不敢开枪，用匕首杀死了一条蛇，另一条蛇受伤逃走了。

不承想，这是剧毒的越南湄公蛇，具有极强的攻击性。受伤逃走的是这片领地上的蛇王。它们原本是在河边的石缝里交配。春梦被无端惊扰，蛇王是一定要召集部下来报复的。蛇和蛇之间用一种特殊的气味互相联系，蛇王一旦有事，蛇们就一呼百应地从四面八方赶了过来。

在美军装满石块，准备离开的时候，一下子从石缝里钻出了上百条大蛇，向侵占它们领地的异族发起了进攻。惨叫声回荡在河谷，不久就留下了几十具面目狰狞的美军尸体。仅有几个行动敏捷、受伤较轻的士兵侥幸逃回营地。然而，他们的噩梦并没有结束。

这些蛇凭着敏锐的嗅觉，顺着美军逃走的路线追了过来。没多久，蛇的先锋进入了美军营地。哨兵们发现后不敢开枪，用枪上的刺刀杀死了10多条蛇。紧接着，蛇的大部队旋风般地涌来，转眼间便围住了每一个人，有的向人喷毒液，有的死死缠住人的脚踝，用力甩也甩不掉，用刀劈又怕伤了自己。蛇们昂起头，用长而尖的毒牙咬穿厚厚的军裤，扎进士兵的肉里。10多分钟后，蛇群一下子又消失得无影无踪。100多人的连队，最后只剩下7人。无奈之下，这支先遣部队的幸存者只得撤了回去。

殒命于蚊子的通信队

亚热带地区的蚊虫十分凶猛，这是众所周知的。但是美军的一支通信队全部死于蚊子的嘴下，却是罕见的。1969年11月，美军陆军37师派出了一支以亚克逊中尉为首的，由24名士兵组成的通信队，前往越南端泽地区接通西贡至端泽镇的有线电信网。

端泽口岸是一个重要的军事基地，位于该镇25千米外的端泽河边。亚克逊中尉及士兵在距端泽镇10千米的丛林边缘地带搭起帐篷准备宿营。半夜时分，37师通信处突然收到紧急呼叫，亚克逊中尉惊恐万状地报告，有一大队麻雀大小的蚊子侵入帐篷，见人就叮咬。已经有多人中毒，躺在地上口吐白沫，昏迷不醒，请师部立即派人援救。

通信处哈兹上校以为亚克逊疯了。在战事如此紧张的情况下，这位疯子居然请求派士兵去消灭蚊子。当时哈兹上校还揶揄了一句："需要我们携带原子弹吗？"亚克逊气急败坏，破口大骂，说他的士兵全都跑出帐篷，但仍被蚊子追咬，已有5人丧命了。

哈兹上校这才感到事态严重，立即报告师部长官，一支部队马上前往端泽镇。可是当他们赶到时，发现亚克逊已死在帐篷里，身边的确有几只麻雀大小的蚊子，它们的尖嘴像木棍一样硬，肚腹里的血都凝结了。亚克逊中尉浑身是血，在颈动脉处还有一个笔头粗细的洞。随后，部队在搜索中陆续发现了其他士兵，他们的遭遇和亚克逊中尉一样惨不忍睹，24名士兵没有一个幸存下来。事后，通信处哈兹上校因渎职罪被军事法庭审判。

被蛛丝捆住的士兵

越南战争期间，美军海军陆战队17分队的维托，是驻扎在越南孟雅山区雷安村的一个士兵，他平常除了喜欢喝酒外，另一个爱好就是到丛林里打猎。

1970年2月的一天，维托又独自到丛林去，一声枪响，一只肥壮的獐子中弹后继续玩命逃跑，维托紧追不舍。渐渐地越追越远，离开了他平时熟悉的地带。獐子腹部受伤，一路狂奔了十几里路，精疲力竭地倒在一棵大树下。那棵树长满了粗藤，维托抽出刀来割下藤条，想将獐子的脚套住，然后将它挑在枪上。

正当维托捆扎獐子时，从树上掉下一根香烟粗细的绳子搭在他身上。维托当时并没有在意，接着一只盘子大的蜘蛛落下，维托见到如此大的蜘蛛吓了一跳，感到十分恶心。可还没等他有所反应，那只蜘蛛迅速地在他身上游走，霎时，身上被蛛丝绑得牢牢的，维托使劲挣扎也挣脱不开，这下把他吓傻了。那蛛丝如此粗大，维托从未见到过，而且蛛丝又凉又黏；蜘蛛一直缠绕着他，直到维托动弹不得，才停止了吐丝。然后蜘蛛瞪着眼睛注视着维托，慢慢地爬到维托的脖子上，张嘴咬破他的颈动脉血管，拼命吸着血液。

不一会儿，维托就昏死过去。待他醒来后发现自己躺在了战地医院。原来，维托的长官见他外出久久不归，便命人前去寻找，当他被人发现时，已经奄奄一息，蜘蛛已经不见了。大家不知道捆住维托的是什么东西，扯动时觉察到蛛丝的韧性极强，用刀居然也不能轻易挑断。当维托在清醒后告诉大家那是蛛丝时，大家都不相信。伤好出院后，维托再也不敢独自去丛林打猎了。

命丧食虫植物的士兵

1970年8月，美国海军陆战队卡洛塔上尉，带着一队官兵到越南黄高森林执行一项特别军事任务，全队12人进入一片热带雨林。黄高森林位于西贡之北，与中国广西龙州相邻，处于左江下游。这里森林茂密，白天气候炎热，夜间寒冷潮湿。当他们来到那片热带雨林时，惊异地发现这里有许多稀奇古怪的植物。

一天，上士凯文迪和几位同伴在一条溪边戏水。凯文迪刚伸出手，就被一株水草卷住手腕，他使劲挣扎竟不能挣脱，便大呼同伴帮忙。一个名叫汉斯的士兵在从军前是生物系的学生，他认出这种水草叫"狸藻"。知道此草能捉水中小虫，却不知为何竟能卷住人的手。

突然，汉斯大叫一声不好，当即拔出腰刀将凯文迪的手臂斩断。凯文迪惨叫一声，其他几人惊奇地发现，那只断掉的手，竟被一蓬狸藻卷住，几秒钟后就只剩下一些淡红的血水。大家感到毛骨悚然，若不是学过生物的汉斯当机立断，只怕凯文迪整个人都要被卷进去吃掉。

后来,那位名叫汉斯的士兵回忆起当时的情景说:"我只是觉得这个地方太神秘了,一切都无法进行理性的思考。我也没顾上多想,就斩掉了凯文迪的手。从形状上看,吃掉凯文迪手臂的水草与狸藻一模一样。这种植物属狸藻科,茎细长、叶互生,羽状多裂成无数丝状裂片,近裂片基部各生小囊,即捕虫囊,水中小虫进入,被囊内的毛分泌的酶所消化。它分布于东亚和东南亚各地,但能吞食人的手指,我却是第一次见到。"

但作为战友的卡洛塔上尉,他的遭遇却没有凯文迪那么幸运了。他在两天后前往门迈丛林执行任务时遇难了,连尸体也没有留下,而敌人竟是猪笼草。猪笼草叶子的中脉延伸成卷须,到顶端膨大成囊状体,囊上有盖,囊面有绳子一样的窄翅,盖下有蜜腺,囊内有弱酸性的消化液,小虫吸蜜时落入后,会被立即消化掉。卡洛塔上尉沿着潮湿的山壁行进,突然觉得整个身体失去了重心,被一大片奇大的猪笼草吸住。他挣扎不开,向身后的同伴大喊救命。一个士兵后来回忆说:"我们看见一大片草吸住上尉,就像磁铁吸住钉子一样,他的声音颤抖着。可是等我们飞跑赶到时,

他的半个身体已经没有了,人也死了,死得十分突然而又莫名其妙。我们只能眼睁睁地看着他消失在那丛该死的草堆里。"

吞噬官兵的美丽草苔

1971年4月,驻扎在越南保安地区的美军陆军74团团部遭到越南游击队的袭击,有一名上校和两名参谋被俘,游击队押着3名战俘进入了保安境内的腾娄森林。帕克·诺依曼少校立即带着25名富有战斗经验的士兵进行追击,试图营救。

在深入丛林50多千米的时候,他们看见了足有半个足球场大小的平坦地带。上面没有丛林中常见的灌木丛、榕树及藤本植物,而是一片十分美丽的紫色草苔,如同铺着豪华的地毯一样。

追击了一天多的官兵早已疲惫不堪,诺依曼少校下令就地休息,派出麦克·西弗等3名士兵去寻找干柴、水源,准备做晚餐。麦克·西弗等人走出了大约1千米才发现一条溪涧,但他突然对另外两个同伴说了一声"不好",就连忙往回奔。当他们回到那平坦如毡的地面时,各个都惊呆了,帕克·诺依曼少校等23名官兵消失得没了踪迹,那紫色的草毯上

只剩下一些枪械、刀刃。原来，他们都被这片美丽的毛毡苔吞食了。

后来，有人问起麦克·西弗，为什么突然发觉不对劲要立即返回时，麦克·西弗伤感地说："那里除了紫色的草苔，什么树都不长，而且那上面干净得像清洗过一样，我怀疑是一个不可预料的危险境地。因此要马上去报告诺依曼少校，哪知道还是晚了一步。"

40年后，美国的几位生物学家在腾娄森林进行考察，证实了麦克·西弗的讲述。他们捉了一只野兔，放在紫色的草苔上面，转瞬之间，野兔就被毛毡苔吃得干干净净，连毛都没留下。

森林杀手七星瓢虫

1971年9月，美军陆军26团的马克尔下士跟随所在的突击队前往越南胡兰山区追捕几名越南游击队领导人。当他们接近孟雅时，马克尔下士和同伴一同就地休息，向团部请示撤回。因为从此地再往前走，就是沼泽地带和辽阔的森林，无法再进行追踪。

在撤回突击队前，带队的卡尔上尉命令大家原地休息一会儿。于是大家摘下枪械找地方安坐。马克尔下士发现一个干净光亮的地方，以为是一块石头，这块石头呈卵圆形，像半球状拱起，直径大约有45厘米，上面有七八朵麻雀蛋大小的黑色花卉，马克尔下士随即坐下。谁知，屁股下的石头居然动弹了一下。他以为是泥土松动了也没在意。突然，他的小腿一阵剧痛，像是被撕裂了一样，马克尔惨叫着跳了起来，只见腿上血淋淋的，一块肉居然不见了。那块石头突然飞了起来，扑向马克尔。那黑色的头部张着大嘴，还带有鲜血，翅膀是红色的，原来这是一只巨大的七星瓢虫。

卡尔上尉见此，立即举枪射击。那巨大的七星瓢虫被击得粉碎，掉在地上。马克尔下士死里逃生，吓得脸色苍白，心惊胆战地说不出话来。于是，卡尔上尉连忙命令大家迅速逃离这可怕的是非之地。

石板与"平板"

太 行

孙女孩提之时就有了平板电脑，爱不释手。上幼儿园时拿着它看动画片、听成语故事；后来就是用它线上读古诗、学数学、学写字……每当她悄悄躲到一边看动画片，发出喜悦的笑声时，我都不由得感慨，现在的孩子真幸福！感慨之余，我想起了自己的童年。

童年时，我也有一块"板"，当然不是"平板"，而是"石板"，我用石笔在石板上写字，做作业。石笔是灰白色石头切成的窄条儿，配上薄薄的青石板，石板打上木头框。一年级的孩子学写字，都是从石板开始的。老师在黑板上写一笔，我们在石板上写一笔，写了擦，擦了写，反复练习。每天上学，除了书包之外，一定得背着石板，那是那个年代农村小学生的标配。

那个年代的农村没有文具店，学习用品在供销社买。没有作业本，家长就买一整张白纸，自裁自订，将白纸在炕席上捋平，折叠，折叠，再折叠……每个小学生，很早就知道什么叫"开"。白纸用小刀裁好，叠齐，再用针缝，转眼成为本子。起初，爸爸妈妈做，很快，我学会了，语文本、算术本，不大会儿工夫就订齐了。农家孩子家境大都贫寒，买文具拿不出现金，就用鸡蛋换。上学了，一只手握一个刚从鸡窝里掏的鸡蛋，把鸡蛋交到商贩手里，还热乎着呢。

当把那个年代的故事讲给孙女听，孙女对我说，爷爷，你们那时候太好了！我也想要一块石板。我说，都半个多世纪过去了，早就没有了。不过可以看得出，孙女眼里充满期盼和向往。突然，我对幸福有了全新的认识。在我眼里，孙女这代人真幸福，但在孙女眼里，我的童年才更有趣。

幸福是什么？其实就是喜欢，无所谓"平板"还是石板。

母亲，读懂您的委屈读懂您

巴山客

这些年，母亲为了我一直都是这样隐忍地活着，其中的苦涩她不说，我亦了然于心。对她，我只有无限的辜负与愧疚，而她也是这世界上唯一愿意为了我而承担一切苦痛、委屈，甚至是诅咒的人。

母亲的心思我不懂

父亲因病去世那一年，我32岁，虽然有一个女友，可是因为没有房子，彼此又不舍得分手，所以就一直无休止地谈着恋爱，没有结婚。父亲第二次脑血栓发作，他用尽最后的力气阻止母亲拨打120，因为他不想再给我们这个家增添经济负担。父亲最后终因大面积脑梗，抢救无效而离世。事实上，如果坚持抢救的话，父亲应该不会走得这么早。

父亲尸骨未寒，56岁的母亲便开始四处托人为自己介绍对象，她的要求卑微极了，只要对方有房子、有退休金就行。她可以不登记，将来也不跟对方分房产。熟悉的人都不理解她，甚至是看不起她。但只有我知道，母亲是想早日搬出去，这样，尽管她和父亲的老房子只有60多平方米，但我也算是有房一族了，我的婚姻大事也能早日解决。这是她和父亲共同的心愿，也是他们对我最后的贡献与成全。

父亲走了，母亲忙着改嫁，而且是为了我，我的心里要多凄惶就有多凄惶。可是，我拿什么来阻止呢？我深知，在这个世界上，也只有母亲才可以为了儿子这样做。我更深知，在这个炎凉世间，也只有她，才可以让我如此辜负。对于母亲的选择，我不反对，其实就是另外一种最为无奈的接受与支持。

母亲嫁给了72岁高龄的杨叔，说是"嫁"，其实就是去给他家做全职保姆，然后人家提供吃住。她走的那天，没让我送。我只是在晚上回到空荡荡的家里时，一个人号啕大哭了一场。聊以慰藉的是，杨叔是一个退休老师，对我母亲礼让有加，每个月将5000多元的退休金全交给我母亲来支配，还对她说："不能跟你登记也是考虑到儿女们的感受。每个月的工资花不完你就攒点儿。我比你大得太多，你得自己留点儿后路。"就因这句话，母亲对杨叔照顾得无微不至。杨叔有慢性肾炎，母亲听说有一种叫作紫荆的叶子泡水喝有效，于是，她坐车去郊区漫山遍野地寻找这种树叶，几乎把这座城市周边所有的山都爬遍了。有一次母亲从山上滚了下来，浑身摔得青一块紫一块，回来后仍强撑着给杨叔熬药做饭，料理家务。这些，都是后来杨叔告诉我的。

为了确认母亲在杨叔家到底过得好不好，我经常会"突然"去她那里。看得出来，她在那个家，吃穿用度都不受限，重要的是杨叔待她温和体贴，关爱有加。于是我在心里对自己说：也好，至少她是不孤单的。

一年后，我开始装修房子，准备结婚。一天，母亲来了，往我兜里塞了一沓钱。她不说我也知道，这应该是她跟杨叔一起生活之后攒的。我把那些钱重新塞到她手上，对她说："妈，这钱您拿回去，多给自己和杨叔买些好吃的。儿子无能，不能给您一个安稳的晚年……"

母亲说："傻孩子，总有一天，你也会给别人当爸爸，到时候你就会理解妈妈现在的心情——只要你过得好，妈干啥都踏实。"

我结婚的那天，杨叔因为高兴而多喝了几杯，晚上回家后便睡了，这一睡便再也没有醒过来。杨叔走了，母亲也失去了再在杨叔家里待下去的理由，杨叔的子女那像刀子一样的眼神将母亲割得遍体鳞伤。我去接她离开时，母亲拎着的依然是从家带走的那个小小的行李箱。母亲想拿一张杨叔的照片留念，可是，被杨叔的子女断然拒绝了。

坐在车上，母亲失神地望着窗外。我试着揽着她的肩膀，想让她哭出来，别让悲伤摧毁了身体。母亲没有回头，只是紧紧地握住我的手。多年没曾与母亲如此亲近，她的手很凉很瘦，烙在我心里，生生地疼。

母亲"寄居"在自己家里

母亲跟我回到本来就属于她的家，可是，她变得那样拘谨，像一个寄人篱下的房客一般。活儿干得很多、话说得很少。对我，尤其是对我妻子的态度就像一个老保姆般谦卑。

一天早晨，我起床时，看见她捂着肚子在客厅里转来转去。原来她那天拉肚子，却又不好意思催促正在卫生间里洗漱的儿媳。母亲的谨小慎微落在我的眼里，让我很难过。那段时间，我偷偷接了很多私活儿，包括帮人家改装黑车这样的事情我也心存侥幸地干了。我一心只想多赚一些钱，然后换一套拥有两个卫生间的房子，我不能再让母亲在自己的家里，连上个厕所都觉得是妨碍到了别人。

那些日子我早出晚归，有时还要到外地去帮人提车。忙是忙了一些，但腰包却逐渐不再寒酸。可最后还是出事了，一辆被我改装后的黑车出了重大交通事故，牵连到我，我也因此被判了一年的缓刑，并处罚金2万元。我那本已千疮百孔的婚姻在这个时候变得更加不堪，而"寄居"的母亲无疑成了被殃及的池鱼。妻子将生活不如意带来的郁闷和不满悉数倾泻到了母亲的身上。那样的折磨是隐形的，她会在饭桌上貌似羡慕地说谁家的婆婆退休金有几千元，谁家留下的祖屋值两三百万元，谁家的婆婆改嫁后继承了大笔的遗产……我能做的就是关起门来，同妻子吵架，可换来的是她比我更大声的指桑骂槐。我暴跳着要离婚，她说："你把我的青春熬没了，想跟我离婚，门都没有。"

后来的日子，我仍然在为生计奔波，母亲好像也开始出入繁忙，每天很少见到她的人影。终于有一天，她对我说："你孙姨帮我介绍了个老头儿，今年81岁了，是个离休的军人，家里条件好得很。"原来这些天，母亲又开始忙着相亲了。我知道，她这么做绝不是因为晚年寂寞，而只是想为我腾出一片清静。我怎么能忍心让不再年轻的母亲再一次改嫁呢？但她说："看见你们两人这样过日子，妈恨不得自寻短见。妈老了，帮不上你别的忙，能做的也就这些了。"母亲的自责令我羞愧，羞愧到只能用逃避来对现实做最无力的妥协。

母亲的新老伴儿姓黄，我就叫他黄叔。这次仍然是不登记的两人同住在一个屋檐下，原因仍然是为了今后财产继承的问题。第一次见黄叔，我的心就坠至谷底。81岁高龄的黄叔是一个帕金森患者，俗称老年痴呆。前一秒还记得我母亲，后一秒便狂躁地对她大喊大叫，甚至拿起拐杖殴打她。我拉着母亲的手要离开，母亲却用力甩开我的手说："我就是要找这样已经没有思维能力的，没有那么多计较。他连走路都走不了，怎么可能伤害到我？"离开母亲的新家，我坐在无人的街角，痛哭失声。我的内心充满绝望，对人生，也对自己。

母亲对黄叔无比细心，胜过他之前的任何一个保姆。不出一个月，黄叔就对她产生了深深的依赖，哪怕她只离开一会儿，黄叔都会变得狂躁不安。在我眼里，黄叔更多时候就像一个精神分裂症患者，不认人，脾气暴躁，然而只要在母亲面前，他呈现的状态就像一个幼儿园大班的孩子。我知道，这是母亲用她的耐心与无微不至的关心换来的。

每一次我去他们家，都会看到阳台上，那万国旗般的尿布。我让母亲给黄叔用尿不湿，可是母亲说那会让他不舒服。黄叔摔了一跤之后，一直卧床，母亲每隔半小时就要为他翻一次身，自此，母亲再没睡过一个安稳觉。黄叔的觉很少，睡得越少，性格便越狂躁。医生也建议可以适当给他吃些安眠药，可母亲不肯，她说："本来脑子就有病，吃上那样的药，脑子会坏得更快。"于是，母亲就像哄小孩儿一般每天都给黄叔唱歌、讲故事。

曾经在母亲决定"嫁"给黄叔时，黄叔的三个子女认为是他们收留了她，所以当时很明确地表示：不让两人登记。然而，日久见人心，母亲对黄叔的尽心尽力，他们全看在眼里，最后卸下心防，从心里接受了母亲。之后的每个月，他们都会给母亲留一些钱，黄叔的大儿子甚至还帮我找了一份新的稳定的工作，薪酬待遇都很好。

我每次去看母亲，她都会强行塞一些钱给我，嘱咐我带妻子去逛街，买几件像样儿的衣服和首饰给她。母亲说："女人是用来疼的，你疼她，她这辈子就会死心塌地跟你在一起，爱你疼你。"每次从母亲手里接过钱，我的内心便会翻江倒海，羞愧难言。可是，母亲总是说："当妈的给儿子做任何事，都是应该的，都是高兴的。这说明，你妈还有点儿用。"

此后逢年过节，我们两家都会聚在一起，一切看上去是那样其乐融融，甚至可谓圆满。但是，好日子似乎总是显得那么短暂。长年累月的操劳，母亲终于病倒了。我在医院照顾母亲，黄叔的三个子女轮流回家照顾黄叔，好几次，他们仨来医院看望我母亲时都落了泪，他们说："慧姨，我们现在可算知道您平时都是怎么熬过来的了。"

一个星期后，母亲强行出院，一定要回去陪黄叔。看着她一脸不容商量的表情，我既心疼，又气恼。不过是一对半路夫妻，对方又不过是一个眼下智力尚不及5岁孩子的老人，值得她如此舍命相伴吗？于是陪她回去的路上，我对她发了脾气："人家几句好话，就哄得您想继续给他们做牛做马。没见过像您这么傻的人。"她看看我，轻轻地说："至少他在，妈还有一个住的地方，有一个说话的人，有一个精神支柱。"这番话，令我无语。这一切，在父亲走后，本应由我给她，可是，我却给不了。

在母亲的屈辱中悔悟

一天夜里，我接到了母亲打来的电话，她在电话里号啕着对我说："你黄叔走了。"这一次，母亲是真的伤心了，办理丧事的过程中，她数次因为悲伤过度而晕倒。她的悲切令黄叔的三个子女动容。

黄叔走了，走得还算安乐，是母亲让他最后的时光还有生的尊严与乐趣可言。因此，黄叔的三个子女执意将黄叔留下的20万元存款分给母亲4万元，他们说："慧姨，尽管爸爸走了，但在我们心里，您依然是我们的亲人。您就住在现在的家里，我们会像母亲一样地孝敬您，也会时常去探望您。有什么需要帮忙的，您一定要给我们打电话。"

这场景，多少还有骨肉分离的悲切与感人的成分。可就在这时，母亲拿出了一份遗嘱，上面是黄叔的笔迹，大意是感动于母亲对他无微不至的照顾，作为回报，他名下的这套三居室的房子在他去世之后，赠予母亲。

可想而知，这份遗嘱一经公布，引发了怎样的轩然大波。黄叔的子女在震惊之余，开始质疑这份遗嘱的真实性。可白纸黑字，又分明是黄叔亲笔写下的。此刻，我终于知道了什么叫作冰火两重天，刚刚还悲悲切切、和乐融融的一家人，在这巨额财产的争端面前，迅速地解体了。他们一致认为一定是母亲利用了黄叔，哄骗他写下了这样的遗嘱。他们你一言我一语地表示：原来你所有的照顾都是有所图的。此刻在他们的眼里，母亲迅速地由一个心地善良的老人变成了老谋深算的毒妇。而一向软弱的母亲这一次却无比地坚持，她从头到尾只重复着一句话："这是老黄的遗愿，也是我应得的。"

更令我吃惊的是，趁着黄叔的子女不在，母亲早就换掉了黄叔家的门锁，等黄叔的子女找上门，任由他们怎么敲，她都不再给他们开门。于是，黄叔的三个子女轮番上阵前来骚扰，母亲也是家无宁日。那些日子我不得不陪在她身边，怕黄叔的子女们有什么过激行为。

事实上对于那份遗嘱，我也心存了很多疑问，我试着问母亲，但母亲坚持说："我照顾了他那么久，就算是一块石头我也把他焐热了。这是我应得的。我再也不想为了房子去改嫁，再也不想从一个家门走向另一个家门，送走一个再送走一个。我累了，我只想要了这套房子，这是我唯一的机会，唯一能够为你作最后一点儿贡献的机会。你知道，这套房子最少也值上百万。就是母亲把骨头渣儿都卖了，也给不了你这么多钱呢。"母亲的话，令我无法再追问什么。这些年，为了我，她一直是这样隐忍地活着，其中的苦涩，她不说，我亦了然于心。对她，我只有无限的辜负与愧疚，而她也是这世界上唯一愿意为了我而承担一切痛苦、委屈，甚至是诅咒的人。

当法院的一纸裁定飞来，母亲最后的梦想破灭了。黄叔的子女拿出黄叔立遗嘱之前的体检报告，作为一个老年痴呆患者，他已经是无民事行为能力的人，所以，他立的遗嘱是无效的。按照继承法，因母亲与黄叔没有登记，不存在夫妻关系，因此也就不存在继承遗产的问题。母亲终是竹篮打水一场空。法庭之上，母亲颓然地坐在那里，像一个没有了任何精气神儿的稻草人。而因了这场变故，黄家子女原本答应给她的4万元，也没有人再提起。

走出法院，母亲坐在高高的台阶之上，目光空洞。我过去牵着她的手，对她说："妈，咱回家吧。一家人在一起，比什么都重要。"她却对我说："在一个妈妈的心里，没有什么比孩子过得好更重要。"说完，她的眼泪终于落了下来。哭过之后，她仿佛下了很大决心一般地对我说："老黄走了，还有老许老马老杨。妈不会成为你的负担，只要还有一把力气在，我就还嫁得出去。"但这一次，我也很坚决。我对她说："我不会让您再嫁了。大房子或许会有，妻子离了也可以再找，但母亲只有一个。我不能等到您走了的那一天，我生活在悔恨里。您为我做的一切，我也做得到。"

这一天，我才真正感觉到，在她的屈辱跟挣扎里，我终于成长了。成长就意味着不妥协、不逃避、敢担当。我们依然守着那间蜗居，而生活终于因了一家人的坚定而变得温暖。幸福与否，有时就在一念之间。可是我却错过了那么多年。

2023年4月，我的儿子出生了。妻子从产房出来后，抓着母亲的手说："妈，您受苦了，我现在终于懂您了。"看着这一幕，我的眼里满含热泪。我轻轻地对怀里的儿子说："爸爸可能给不了你荣华富贵，但我保证会给你一个温暖有爱的家，和奶奶，和妈妈，咱们一家人永远快快乐乐地在一起。"

教老母亲融入现代化生活

卞文志

前几年，重庆市26岁大学生张明因手绘"微信使用说明书"被网友赞誉为"中国好儿子"。另有一个"大青蛙"漫画创作团手绘的"教会老年人用快的、滴滴打车软件"漫画教程，被网友疯狂转载。据了解，"大青蛙"漫画创作团创作的初衷源自目睹两位老年人在寒风中打车被拒载的遭遇，决定用手中的笔来帮帮他们。"大青蛙"漫画创作团介绍："现在移动互联网发展得这么快，老年人已经完全被甩到了另一个时代。我们一直在外面工作，不能守在他们身边，但是我觉得我们能够教会老年人使用微信，哪怕他们不会用，如果能看看我们发的一些信息，也就能感觉我们其实在他们身边。我觉得这就是守护老年人的一种方式。"

无独有偶，武汉轻工大学女生李晓倩，为父母亲手绘制的QQ使用说明书也在社会上激起一股股暖流，被赞很萌很有爱。据介绍这已不是她第一次用手绘的方式教会父母上网。从大二开始，她已绘制出"键盘使用说明图"，大小写、切换等功能，她的爸爸妈妈都已经熟练掌握。受以上帮助老年人融入现代化生活的启发，近几年，我和妻子也在忙中偷闲帮父母融入现代化生活，不仅帮他们学会了使用电脑、学会了打字和上网，还帮他们学会了网络购物。

让父母学习新知识，是这个世界上比普通事情难度高1万倍的事情。父母是自己至亲至爱的人，对他们学习新知识不能放弃，作为子女必须付出大量的时间成本。前几年，母亲非要我教她在手机上搜索地图，我知道她不会很快学会，也可能打听一下就没兴趣了，但我就像呵护小宝宝的好奇心一样，放下手里所有的事情，全心指导她点开手机去搜索。当母亲问我网购是怎么回事，我看她有兴趣，就马上给她演示，并教会了母亲在网上成功下了第一笔网购订单。

至今我依然记得当时年近80岁的老母亲，打开网购界面亲自操作时的表情，激动得就像一个孩子第一次学会开灯一样，电灯亮了，然后就会拼命地要开关电灯。老母亲在我和妻子的耐心帮助下终于学会了网购。更让我感到欣慰的是，母亲还学会了比价，还学会了分析"囤货并不是好事"。再后来她又学会了看天气预报、用手机微信聊天等，母亲感到十分欣慰，整天乐呵呵，笑声不断。其实，让母亲感到欣慰和止不住笑的老有所学、老有所乐的事儿还有很多。随着现代科技的发展，智能化已经融入老百姓的现实生活，许多老年人也在排除困难积极学习智能化知识的过程中受益匪浅，我86岁的老母亲就是典型的一例。

近年来，老年人"触网"学艺术成为新时尚。母亲在一位老年朋友的推荐下，尝试通过某线上老年兴趣服务平台在线学习吹葫芦丝。从2021年10月报名开始学习，现在已经进入了第六个学习阶段，课程安排是每周有三节线上课，其他时间自己练习，一周下来老母亲基本天天都在练葫芦丝。学葫芦丝两年多来，已经退休20多年的母亲把自己的退休生活从"做家务+遛弯"，变成了"做家务+遛弯+吹葫芦丝"。相比孩子上网课时全家人的"如临大敌"，老母亲的网课之旅更加独立和愉快。母亲说："我们老年人学东西比较慢，我又是

零基础学习。现在的课程不管是上课安排还是老师的讲解，都比较适合我们，能让我跟得上。"

据老母亲介绍，不只是她自己，她身边还有很多一起参加社区活动的好姐妹也报了名，开始零基础学习乐器。线上的同学不仅有新朋友也有老熟人。母亲有个80多岁的老姐妹不仅报了葫芦丝课，还报了二胡和电子琴课，非常厉害。谈起学费价格，母亲表示："每年3000多元的学费还是比较划算的。因为我之前也陪孙子上网课，和他们的各类学科培训相比，我们的这个葫芦丝课一年才花3000多块钱，这也就是我出去旅游一次的花费，不算贵。"

老母亲对自己的网课生活很满意，一方面每周都有固定的线上小组课，可以和其他同学交流学习葫芦丝的心得；另一方面线上的老师还能定期批改作业，及时纠正母亲的吹奏问题。母亲说："我们的学习小组打卡都可认真了，我还拉着社区里的好几个同龄人一起学。有时间的时候我们还会一起去社区的老年活动中心排练，参加社区的表演活动。"老母亲的退休生活社交圈，随着学习网课进一步拓宽了。

此外，老母亲使用智能手机的花

样也有很多。她是亲友长辈中第一个用智能手机的，我父亲使用智能手机也是她教的。她对智能手机的兴趣，则源于我给她买了麦克风，她因此学会了用智能手机K歌。熟练了之后她又去教别人，因此成为一群老姐妹的老师。

这些年，通过我和妻子耐心帮助老母亲融入现代化生活，我深深地感受到，对许多老年人而言，在智能化设备使用上，除了技术方面的问题，老年人对新事物的抗拒心理也需要子女耐心攻克。很多老年人年纪大了，一下很难接受和学会智能设备，子孙辈就应一遍一遍教他们。当看到老年人能够自主地使用智能手机时，作为晚辈，一种成就感就会油然而生，好像当了一回小老师，教出了一批"大学生"。科技已经跨越了千山万水，缩短了人们之间的距离。当老年人学会和家人打通第一个视频电话的时候，孩子们脸上洋溢出的笑容，会如阳光一般灿烂，会深深感受到自己所做的事儿是多么富有意义。

因此，我和妻子更深深感恩于国家的改革开放。祖国和时代赐予了我们平凡幸福的生活，"含哺而熙，鼓腹而游"，中国梦在母亲身上就是改革开放以来她所拥有的梦。在对美好生活的向往中，她学会了拍照、上网、吹葫芦丝，还学会了使用微信。一个好的时代，一个80多岁的老年人，大抵便是这样了，让人欣欣然，不知老之将至。母亲虽然老了，但我却期望着母亲依然能像她年轻时一样，快乐地站在新时代的广阔舞台上，用一颗不老的心，奋力追赶时代的风潮，与儿孙们一起跳着唱着，在桑榆唱晚中舞动出更加流光溢彩的时代华章……

纸剪情深

孙学铭作品

家用电器怕什么

李德勇

随着越来越多家电产品的推陈出新，人们的生活也变得越来越轻松、便捷。如果有一天，你身边的家用电器坏掉了，相信你的生活一定会受到很大影响。为了防止家用电器因使用不当而坏掉，我们每个人都应该了解一些家用电器的使用常识。知道了家用电器怕什么，我们才能规范高效地使用家用电器。

电视机最怕强磁场"干扰"。不容许带有磁性的物体在荧光屏前移动，否则将会导致色的杂乱。

计算机最怕挤压。因为液晶屏是用极其脆弱的材料制成的，重压和弯曲均会导致其损坏。

电冰箱最怕倾斜。因为压缩机是用三根弹簧装在密封金属器中的，一倾斜就有脱钩的危险，使压缩机运行噪音增大，严重时会造成压缩机报废。

洗衣机最怕倒开水。这极易造成塑料箱体或塑料组件变形，以及波轮轴密封不良。

电风扇最怕碰撞风叶。风叶变形，会导致运转不平衡，风量小，震动大、噪音强、寿命短。

电饭煲最怕煮酸、碱性食物。这样将缩短金属容器的使用寿命。

电热毯最怕猛烈折叠。因为其内部的发热丝又细又脆，而且易断。

照相机最怕长期不使用，电池也不取出。电池失效流出黏稠的液体积在相机内，会导致电路不通。

抽油烟机和换气扇最怕染上过多污秽。这样会增加其负担，降低效率，严重时造成电动机烧毁，应每月清洗一次。

电热水器最怕不接地。因为电热水器长期有水蒸气袭击，容易造成因绝缘降低而漏电，危及人身安全。

空调最怕无节制地开关。开关要间隔2～3分钟，这样才不致使压缩机过载而缩短寿命。

最后，要提醒大家的是，每一件家用电器都是怕潮湿环境的，所以，一定不要将家用电器放在这样的环境之中。

人生在世须为乐 不负韶华报家国

——访国资委轻工离退休干部局离休干部邵国梁同志

韩世军

谨以此文向所有在抗美援朝中作出牺牲奉献的英勇志愿军将士们致敬

邵国梁是国资委轻工离退休干部局一位离休老同志，曾先后获得了庆祝中华人民共和国成立70周年纪念章、抗美援朝出国作战70年纪念章、光荣在党50年纪念章，这也是我局老同志中能同时拥有这三枚纪念章廖廖几人中的一位。他的成长经历，尤其是曾经参加抗美援朝作战的光荣历程总为人乐道，但他周身散发出的其他闪光点，也同样值得人们称颂。在纪念抗美援朝73周年之际，我们访谈了邵国梁老同志，带您走近立体、活泼的他。

苦中作乐，养成乐观向上的革命情怀

"跟着共产党走，到哪儿都是家。"邵国梁总是这样说。他出生于1934年，那是一个积贫积弱的时代，社会动荡、民生凋敝，国内民族危机不断加深。他经历了水深火热的困苦生活，也经历了国民党统治下的"金

元券"时代，目睹了经济发展到因货币贬值而崩溃的边缘。为了生计，15岁的邵国梁毅然决然投身革命准备参军。但当时因为年龄小，他想到虚报两岁；个子不够高，他用了一招"兜里藏砖"而巧妙过关。"我是用一块砖头垫起来的离休干部。"他讲到这一段历史时总是这样自嘲。

在革命过程中他不断成长、不断觉悟，也更进一步坚定了永远跟党走的理想信念。革命的道路曲折且充满了艰险，但无论在何时何地，吃什么苦受什么难，他都能坦然面对。因为他觉得，跟着共产党，到哪儿都是家，有家就不觉得苦。

知足常乐，展现豁达开朗的精神状态

"我没有作过什么贡献，却享受这样好的待遇，已经很知足了。"邵国梁总是这样说。他说，在抗美援朝过程中，那些在战场上流血牺牲的将

士才是真的英雄，他们的功勋才值得我们永远铭记。而自己没有作过什么突出的贡献，国家却给了自己这么高的荣誉和待遇，实在受之有愧。基于这样朴素的想法，邵国梁对当前的生活状态很满意，对于生活中遇到的沟沟坎坎，他总能以豁达开朗的精神状态面对。

"文化大革命"期间，在总政治部工作的他因为对身边几名林彪反革命集团分子的做派很反感，多次在公开场合仗义执言，因而被其视为眼中钉。于是，邵国梁被安排复员并下放到北京第一机床厂当工人。在这里，不仅是工资待遇降了一半，每天还要干繁重的体力活。刚刚入职工厂不久，因为对工作流程还不够熟悉，技术也不够熟练，在一次安装轴承时，他用双手调整位置，结果被从上方落下的钢铁部件砸到双手。回忆当时的情景，他说，就像漫画里画的一样，两眼顿时一黑，金光四溅。庆幸的是，此次事故没有造成更大的伤害，但他却被生生砸掉6个指甲盖。要强的邵国梁不喊痛叫苦，也不改变自己的革命意志，这一干就是10年。1980年落实政策后，邵国梁回到轻工部工作，刚开始时住筒子楼，地方小，环境差，但他认为，相比"文化大革命"时期，这就是一个天上，一个地下，还有什么不满意的？

的确，15岁就参加革命工作、在开国大典上见证了新中国诞生的他，吃过太多的苦，遇到过太多的难，还有什么能再让自己感到苦和累？用他一句富有哲理的话来说，门槛门槛，过去了的叫门，过不去的才叫槛。他总是强调，人生中难免会遇到一些坎坷，这都是人生难得的财富，都需要自己从内心化解它，争取把槛都变成门。

敬业乐群，坚持严谨细致的工作作风

生活中的邵国梁总是很随和，他是那样温文尔雅又开朗幽默。然而工作中他却严肃认真、一丝不苟，尤其是在执行党的政策、决议，落实制度、规定等方面，更是从不含糊。

早在总政治部工作时，他就养成了工作第一的负责态度。当时，他们部门仅有一台可以称之为计算机的现代化办公设备，全军相关的数据统计都需要经过他用计算机处理。做过数据统计的人都清楚，如果一个数字对不上，有的工作就需要从头再来一遍，而当时没有如今成熟的统计软件，因此，工作量之大、过程之繁杂不言而喻。但他坚持用认真加细心加负责的态度，始终如一地做好各种统计与分析。他的信念只有一个，经他手的数据不能有一个差漏，因为一个数字就代表一名军人、一个连队，甚至一个战斗单位。

1957年，因为志愿军干部岗位轮换，邵国梁被调到志愿军政治部工作。1958年1月，周总理访朝，宣布志愿军撤军，邵国梁又奉调回总政治部组织部工作。多年来，随着工作职务不断提升，邵国梁工作岗位也多次变化，但唯一不变的是他始终保持着的严谨细致的工作作风。不论是他经手的工作内容还是分管的工作方向，他都会以第一责任人的态度认真对待。几十年来，他个人曾因工作认真多次得到领导的充分肯定。

助人为乐，培育优良的家风家教

"我受党培养了70多年，我的一切都是党给的，没有党就没有我今天的幸福生活。"知党恩、颂党情的邵国梁除了积极践行助人为乐的理念外，还注重培养具有中华民族优良传统的家风家教，教育子孙辈们大的方面要始终听党话、跟党走，处世方面要保持谦虚热情的态度。

因为经历过苦难，所以更能理解别人遇到的苦难。不论在工作或生活中，邵国梁对别人的苦难总能感同身受，他急别人之所急，想别人之所想，只要不违反政策规定，他总要尽自己的一份力量去帮助别人。但邵国梁却说，那些和睦邻里、团结同事，或帮助他人解决一点小困难或问题，都是顺带手的事，根本不值得一提。

在培养教育晚辈方面，他一直引导孩子们要自讨苦吃、乐于吃苦，要经常接受传统教育。他讲道，自己从来不正面表扬外孙，以至于有一次外孙当面问他，难道自己就没有优点吗？邵国梁认真地回答他，优点肯定有，但不能当作资本去宣扬。邵国梁说，现在他的家风很正统，孩子们都自立自强，各自的家庭生活都非常幸福，也积极拥护党的领导。他已经很满足了。

访谈最后，邵国梁谈道，自己和老伴儿每年都要到全国各地，甚至是国外一些地方走走看看，最大的感受就是世界上没有哪个政党能像中国共产党这样一心为民。现在，中国被称为"基建狂魔"，祖国的建设发展日新月异。因此，一定要珍惜当今的幸福生活，积极拥护党的正确领导。

助力"第一书记" 促进乡村振兴

肖春华

引子

人间四月天，万象更新浓。2023年4月18日，北京市丰台区和义街道工委组织部组织我们退休党员干部，到北京市房山区史家营乡柳林水村开展主题党日活动。柳林水村是和义街道的对口支援共建单位，现任第一书记王庆安是和义街道支援的处级领导干部。

在王书记引领下，我们首先瞻仰了马文亮烈士纪念碑。站在年轻英俊的烈士雕像前，王书记声情并茂地讲述马文亮烈士的英勇事迹。马文亮烈士是柳林水村的优秀党员干部，积极投身抗日战争和解放战争前线，奋勇杀敌。1946年11月，由于叛徒出卖，马文亮不幸被捕。他在敌人的威逼利诱前坚不吐实，保守党的秘密，最后被刽子手投进滚着沸水的铁锅里，牺牲时年仅22岁。

泪水濡湿了我们的眼睛，心中翻滚着爱与恨的浪花。在烈士遗像前，面对鲜红的党旗，我们庄严宣誓，重温入党誓词，永远铭记烈士遗志，更加坚定了共产党员的信仰和初心。

宣誓之后，王书记向大家介绍了柳林水村的村风村貌和他当第一书记一年多来的感受。

筹措资金，解决百姓急难愁盼问题

王庆安是和义街道工会原主席，有着坚强的党性原则和丰富的工作经验。为全面推进乡村振兴，巩固拓展脱贫攻坚成果，他接受了市、区党组织的安排，来到条件比较艰苦、集体经济比较薄弱的柳林水村担任第一书记。由于村委会没有食堂和宿舍，王书记吃的是百家饭（相当于过去的派饭），今天马家，明天史家……每天要往返120多千米上下班。在如此艰苦的条件下，王书记毫无怨言，全身心地投入工作中，并对自己提出了敢于担当、主动作为、扎根一线、为民办事的工作要求。

在工作中他坚持走群众路线，一是认真听取两委会和村民意见建议，摸清村民的真实需求和最需要解决的困难是什么；二是掌握目前村里的真实情况，接诉即办，解决村民急难愁盼的问题。

他第一个解决的是村民吃水用水难的问题。柳林水村面积11.7平方千米，村子建在半山腰，呈梯形状，许多村民住在半山腰上。村里的供水系统修建于1997年，水泵和部分管道年久失修，水压上不去，造成了住在高处的村民用水困难。生活用水及菜地灌溉要等水泵蓄满后，三四天才能接上一次水。为此，村民意见非常大，成为12345市长热线的常客。因为村集体经济薄弱，用水难问题一直没能得到有效解决。

掌握情况后，王书记一方面和村两委汇报情况。一方面联系专业公司来到村里，反复勘察现场，制订出科学的改造方案，准备建成饮水、排污、灌溉一体化管道；另一方面积极筹措资金。

他回到单位，向和义街道工委、办事处进行专题汇报，争取帮扶资金。街道领导高度重视，经工委会决定，由和义街道办事处拨付对口帮扶资金50万元。

说实话，街道能拿出这笔资金也非易事。和义街道成立较晚，没有什么实体经济，但为了完成党的乡村振兴的总体规划和战略部署，支持第一书记的工作，街道二话不说，痛痛快快拨出了这笔帮扶资金。

有了这50万元资金，王书记信心倍增，和村两委立即对供水系统进行修建改造，新添了四个水泵，彻底解决了百姓用水难的问题。

村支部书记史大姐高兴地对我们说："村民家家安上了自来水管。生活用水、农田浇灌得到了根本性改变，再也没有投诉了。"

水的问题解决后，王书记和村两委用剩余资金修建了柳林水村通往公交车站的柏油马路。说起来这又是一个老大难问题，因为此地不属于市政管理范围，一直没有铺柏油马路。村民出门晴天着一身土，雨雪天溅一身泥，因此怨声载道。

王书记和村两委一班人联系施工单位、跑现场，本着少花钱多办事原则，监督施工，在很短时间内，建成了一条1822米长的柏油马路。从此，村民再不用踏着泥泞去公交车站了。他们迈着轻快的步伐去公交车站等车，去邻近的小超市购物，去磨房加工粮食，去古村落展馆忆往昔，去小吃店聚餐。

优化环境，上榜中国传统村落

为深入贯彻落实"绿水青山就是

金山银山"的发展理念，作为第一书记的王庆安深刻领悟党的二十大精神实质和丰富内涵，带领广大村民凝心聚力、真抓实干，一步一步实现"中华要复兴，乡村必振兴"的宏伟目标。靠党建引领，找准"切入点"。

柳林水村有100多座古宅，占村居三成多。几百年历史的房屋浸透着时光的磨砺，含蓄隽永，古朴从容，保留了明朝的建筑风格和特色，一砖一瓦都承载着村民的回忆。

2013年柳林水村被评为市级民俗旅游村，现为星级民俗旅游村。为了进一步提升村风村貌，拆除私搭乱建和违章建筑，王书记和村两委向村民宣传党的优化乡村环境、振兴乡村经济等各项政策，号召党员干部带头，分片包干，做到管理有人、治理有序，以主题党日为抓手，推动党员干部在环境卫生整治的活动中率先垂范、带头奉献。由于宣传到位，引导得当，取得了村民的认可和支持，大家都愿意生活在一个美丽有序的环境中。

村两委持续加大拆违力度，出色完成了全年拆违任务，使村风村貌得到极大改善。村里看不到白色垃圾和碍眼的私建，获得了区优秀环境称号。

2023年2月，村两委会决定治理南港沟河道及塘坝周边环境，建香椿基地采摘园，需投资100万元。王庆安书记将此举汇报给和义街道工委、办事处。街道在财政资金紧缩的情况下，又拿出40万元的帮扶资金予以支持，为柳林水村今后的经济发展和优美环境建设奠定了基础。

2023年3月，经各地推荐、专家评审并向社会公示，住房和城乡建设部、文化和旅游部、国家文物局、财政部、自然资源部、农业农村部公布决定，将柳林水村列入第六批中国传统村落名录。

王书记激动地表示："我们将以此为契机，进一步促进柳林水村旅游业的发展，夯实集体经济支柱，早日跨入美丽乡村行列。"

柳林水村的史书记由衷地感慨道："第一书记的到来，使我们柳林水村发生了巨大变化。'两委'班子工作氛围和谐，大家心往一处想，劲儿往一处使，各方面工作有了新的起色。谢谢和义街道领导，为我们派来这么好这么能干的第一书记，给予我们强有力的资金支持。现在，我们的村民更加团结，民风更加淳朴，村子更加美丽和谐。"

党建引领，对口帮扶结硕果

和义街道自从与柳林水村结成对口共建单位后，不仅予以资金的支持，还提供了多方位的帮扶，充分发挥党建共建的互融互促作用。

2022年9月28日，和义街道组织机关党员干部赴柳林水村开展结对共建主题党日活动。在烈士纪念碑前，全体党员面对党旗重温入党誓词；沿途参观古村落，沿村捡拾白色垃圾；开展座谈交流，就围绕柳林水村发展规划、帮扶措施进行了深入的交流。

下一步，和义街道将结合此次结对共建，以第一书记工作机制为契机，架起"连心桥"，持续从多方面着手，在技术、资金、人才交流上着力，加强对接，合作互助，共享资源，落细落实各项工作，共同带动村民巩固乡村振兴成果，全面提升小康生活水平。

我们欣喜地看到，和义街道把助力"第一书记"这项伟大事业做得风生水起，提供了各种有效支持，架起了为民的"连心桥"。而第一书记王庆安更是没有辜负党组织的委托和信任，脚踏实地做好本职工作，平凡中透着朴实无华。使命的力量让他在振兴乡村的路上，开启了人生新的篇章。

摄影天地

李万清摄影作品

丰台故里琐忆

任光明

近年来，我每逢来到位于北京市丰台电报局街，异地拆迁重建的丰台清真寺西邻的丰台社区卫生服务中心看病开药时，都不由自主地站在大门前向四周张望寻觅。这片街区曾是我从小到大生活的故里。往事如烟，这里的陈年逸事有我难以忘怀的回忆。

我是地地道道的丰台人，姥姥家是丰台看丹杜家场村的原住居民。我1949年出生在丰台桥南小王庄，但从小到大生长在丰台桥北的电报局街。电报局街因胡同西口有民国时期建的丰台邮电局而得名，地处丰草河南岸（人们俗称为小河沟）。丰草河发源于永定河畔的五里店地区，自西向东流经丰台镇、前泥洼、东管头、西管头、万泉寺等村庄，到草桥村汇入凉水河，属于北运河水系。

20世纪六七十年代前，丰草河水量充沛流量大，水质清澈，鱼翔浅底，水清岸绿，是我儿时游玩的好地方。后来受永定河干涸断流的影响，水资源逐渐枯竭变成雨污水排放沟，流经丰台镇的一段河道被改造成城市地下雨污水排放管道（现位于丰台便民商业街地下）。

电报局街随丰草河走势蜿蜒曲折，东西走向有一里长，不很宽阔的黄土街道两侧分布着多为泥顶灰色低矮的破旧平房院落。其中最好的砖瓦结构建筑是西街的丰台邮电局营业厅、丰台检察院和丰台新华书店。

电报局街区位置优越，交通便捷，四通八达，条件便利。街道与南北走向的文体路相交分为东街、西街两段。街道东起运输公司车场（新中国成立初期大车运输工会），向南经兴隆街直达丰台火车站站房。往西到文体路交会处分两叉，一叉路直向西至丰台邮电局接丰台路（现西四环中路）。丰台邮电局南靠丰台汽车站，有40路、54路公交车通往市区广安门和石景山，过丰台汽车站就到北京十二中，再往西不远，到丰台区委、区政府、区医院。另一叉路斜向西南到小柳树院往西通往汽车站，继续往西南走经陈家胡同、丰台原清真寺，直达京广、京沪、丰沙、京原等铁路线，连通丰台镇南北的丰台铁路大桥和正阳大街繁华的中心地段菜市口。街道北枕丰草河，东有文体路小木桥连通河南北，与路东侧的解放军汽车团营房和西侧的丰台区工会工人俱乐部、丰台人民银行隔河相望。西有石桥连接丰台路，过河经小煤场就到丰台影剧院和我的小学母校——丰台镇中心小学（现丰台五小）。沿着丰台路向北三站地到丰台路口，往西到卢沟桥，往东到广安门，往北直达香山、颐和园。街道南邻丰台区文化馆、图书馆、区法院、丰台镇公安派出所，并有海顺、兴隆、永善、善安里、义顺等多条南北向胡同通往丰台镇最繁华的主街——正阳大街。附近小街小巷里还有不少的酒铺、炸货铺、杂货铺、煤铺、磨房、豆腐房等，日常生活所需设施一应俱全。居民们出行游玩、逛街购物、享受文化体育生活都十分方便。

我的故里位于电报局街西街中部靠东口路北，是个自有产权独门独户的小院。小院占地面积约二分地，院子东南角建有两扇木门的门楼。院内迎大门种着一棵一尺粗的大枣树。每到春天，枣花绽放引来群蜂采蜜，夏天硕果累累，大马牙枣挂满枝头。枣树北侧是喜欢养花的母亲种的姹紫嫣红的芍药花。院中是一架玫瑰香葡萄。中秋节前，父母总会叫我们兄弟用竹竿打落挂满枝头的红枣，连同采摘的新鲜葡萄送给左邻右舍尝鲜。院子里建造有老式平坡泥顶土坯砌墙北房3间，它们是六口之家的居室，也是我两个弟弟和妹妹的出生之地。院子西南建有一间厨房兼杂物屋。过去老式住房面积小，一间也就有10平方米，六口之家住得不宽敞。住人的西套间里土炕就占了一半空间，真正是"一间屋子半间炕"。

20世纪80年代前，我住的院里没有上下水，一条街道只有几个院有压水机。用水都靠人工挑，家家户户都有扁担、水桶和水缸。20世纪70年代后地下水位下降，有时压水慢要排队等候，急需时只好到其他邻近胡同挑水。泥顶土坯房日晒雨淋容易屋顶龟裂、外墙皮脱落，就怕遇到雨季。因此每年秋季父亲都要带我们买石灰和麦秸烧石灰泥。开春雨季前，选择一个晴天，全家老小齐动手修缮屋顶墙壁。那时我家只有父亲一个人工作，母亲操持家务，有时打点儿零工，收入低，还要贴补寡居的姥姥和山东老家的奶奶，生活比较贫困。

虽说日子艰难，但是一家人住在自家小院、挤在冬暖夏凉的屋里，父慈母爱，子女友爱孝顺，同甘共苦，和睦祥和，处处洋溢着甜蜜的气氛，其乐融融。

电报局街的居民都是城市平民百姓，大都从事铁路运输、建筑、商业服务业工作。居住在这里的住户都是十年、八年的老街坊，不少住户本就是亲戚好友，还有不少人是工友同事。孩子们从小一起成长，是发小玩伴，上学又是同窗校友。因此邻里和睦相处，街坊亲如家人，人情味浓郁，烟火气息深厚。逢年过节各家相互走动，邻里之间大事小情互相关照帮助，平日里帮助买煤买菜，风雨天帮着收晾晒的衣物。有事外出需要照看的老人和小孩，开门的钥匙都放心地交给邻居。生活中遇到难处相互周济。在家里办喜事，借用碗碟炊具、来客人借宿是平常事。电报局街居民中出了两个"知名人士"。一个是我家东街坊老王家女主人武秀珍。她那时30多岁，个子不高，但精神利索。她家男主人是土特产商店的售货员王师傅，为人忠厚。儿子是人民警察。一家人在胡同里口碑好，得人心。武秀珍热心街道公共事业，是居委会的治保主任，常年不辞辛苦，协

助管片民警走门串户做治安防控工作，保一方平安。居民们都敬重她，人人尊称她"王大妈"。另一位"知名人士"是与我家一墙之隔的西邻老田家女主人胡淑英。她那时候40来岁，中等身材，说话悄声细语，走路蹑手蹑脚，一脸得"天花"留下的麻子。田家院场在电报局街最大，邻街筑有高院墙，门道高大宽敞，骆驼和马车可以方便地出入。大院北房住人，西房是一排牲口棚，东房是饲料库，南边靠院墙可停放几辆大车，还有饮马槽和遛马场。田家和街坊邻居很少来往。老田家之所以出名是女主人胡淑英曾因盗窃罪被判刑。四个儿子有两个同样因盗窃罪被判刑。她和大儿子在丰台工人体育场一起受公审并游街示众。居民们都背后骂她教子无德，家风不正，呼唤她"田大麻子"，人人避而远之。

时光荏苒，岁月如梭。20世纪80年代，随着改革开放，国家社会经济发展，丰台电报局街也快速步入城市现代化建设轨道。1984年，西街进行危旧房拆迁改造，建成新的住宅小区，原来的住户大都异地拆迁安置，街坊邻居也都四处流散。20世纪90年代中期，丰台镇桥北危改，电报局街拆迁消失。昔日一片片破烂不堪的

丰台镇桥北低矮平房被改造成生活舒适的新型住宅区。丰台这座百年老镇旧貌换新颜，开始踏上现代化建设的快车道。岁月凝固了永恒的回忆，岁月记录了一生难忘的情谊。电报局街我的故里已经消失。我和玩伴们追逐玩闹、匆匆忙忙上下学的身影，忙忙碌碌上下班的人们，商贩沿街叫卖的声音，亲如家人的邻居大爷大妈、叔叔阿姨的音容笑貌……熟悉的风土人情，浓郁的市井气息历历在目，都浮现在眼前。故里是我童年到青年时代的幸福港湾，寄托着我的美好梦想，在我的脑海里刻下了美好的回忆，我一定会把它永远保存。

往事虽然美好，但时光流逝不复返。我回忆丰台故里陈年旧事，但更向往未来。因为未来寄托着美好的希望。党的二十大胜利召开，吹响了党团结带领全国各族人民全面建设社会主义现代化国家，全面推进中华民族伟大复兴新征程的进军号角，为新时代新征程党和国家事业发展、实现第二个百年奋斗目标指明了前进方向。丰台我的故里也一定会随着国家的全面发展而建设得更加美好。我憧憬着以团结奋斗换取更加绚丽美好的未来。

摄影天地

白成森摄影作品

寻根 · 长城

——问迹边墙累经验　乞求心诚终赶巧

张明弘　吴　非

风儿催动着潜伏的萌动
喜悦地跃上边墙
枯树投下的影子争着添妆
斑驳露出不为人知的美

凌乱荒草
也掩盖不了
一场生之希冀的迫近

快了　就在眼前

王家庄长城

我们在放羊老乡的指引下找到了王家庄长城。

甘肃省兰州市永登县大同镇南面5千米左右的地方，是泉水沟村王家庄，其南七八百米，有明显的长城遗迹，呈土垄状，加上永登文物部门在此立了长城界碑，更加确认这里就是明长城的一段。

我们在永登文物报告上没有看到

寻踪问迹，一心向前

王家庄长城

王家庄长城，但来到此处，是有见到长城界碑的。文物报告有限，它可能只标注有墙体的，或有明显代表的长城。

带队老师说，我们团队的态度就是："一直沿着长城行走，不仅仅是实体的长城，遗迹我们也要走，这样才能归纳走出一个长城的脉络来。"

魏家庄长城

放羊的老乡说，魏家庄没有长城，是指没有长城痕迹了。事实上，当我们站在魏家庄的一处山梁上，从四面八方均是沟壑的地形来看，此段长城墙体很可能是从王家庄过来直接顺着沟就延伸到对面山上去了，对面远远能望得见长城的界碑。凭着经验，张老师确定了魏家庄长城的遗址。

高岑村长城

路过保家湾，遇到一位马大叔说前方高岑村有长城，"从此处往前2千米，路边就可以看到"。

永登县文化馆的相关资料显示：高岑岭属大同镇，位于庄浪河东岸高而较平坦的小山地上，故得名高岑岭。据考，明时称高城营，清代为高岑驿，民国时期演变为高岑，沿用至今。

来到高岑的这段长城，恰巧是在我们遇到的83岁张万和大爷家的门口，开始因为团员对方言的不熟悉与表达的不清晰，和张大爷各说各话，待到张老师上阵，才了然。

龙须柳，也称旱柳，是我国北方平原地区最常见的乡土树种之一

走在土垄上（原边墙位置）的张泽华大叔（77岁）

高岑长城界桩

老师为我们上的"美育课"

张大爷家位于高岑村四舍29号，门口不仅有长城遗址，也是叫土门子的堡子的位置。如果不是问对了人，怕是稍微年轻一些的人，都不知道此地曾经是一个小堡子。

张大爷说这里有长城的界桩，带我们去的路上遇到了正要去买肉的张泽华大叔。在两位老先生的共同确认下，找到了字迹已模糊的界桩，张老师用手边仅有的一支硬水笔，在界桩旁边的水泥墙上做了标记，以方便后来人辨认。

我们找到长城后顺便探访张大爷家，张大爷一个人住，身体看上去很是健朗，他告诉我们现在住的房子都是自己盖的。

院子里立了一个带铁架的太阳能大锅，听了张老师的讲解，才明白，

这是当地烧热水的土办法，把壶放上去，夏天20分钟水就开了。

艺术家的眼光总是犀利的，张大爷院子里随便放置的一个水盆，张老师说是用一个罐子锯成的，用手指使劲擦去上面蒙的尘土，露出了漂亮的釉色。张老师告诉大家："这是西部特殊的一种土陶釉，是20世纪50年代以前的，70年代就不烧了。因为这边土壤里含铁，所以烧出来的釉特别红，朴素中透着华丽。如今少见，如果包个边，是很具观赏性的。"

结束对张大爷的采访，张老师安慰大家："寻找本身就有乐趣，找的过程中与老乡进行有效沟通，是需要技巧和长时间的经验培养的。"

安山村长城

采访老人的过程，是一个不断遇见老物件的过程。抵达安山村长城，找到的第一户老乡家里，有一座老房和一些老物件。老人们口述的是历史，老物件则是口述历史的物证。

木质老房子

老房子是全木质的，上面钉有繁体字的"革命军属"牌子，已有50年，木头已风化（据说木头百年以上会萎缩出一个楞一个楞的纹路）。在摄影师缓慢上摇的镜头里，风化木像是平静水面有轻风吹过，吹皱了一泓秋水，漾出落叶的颜色。

老房子的老配件

安山村长城，离红城还有十三四里地。找到长城，已近午时，因为附近没有吃饭的地方，我们又返回张大叔家，吃了些自带的简易食品，稍事

休息后接着上路。未走长城前觉得风餐露宿是苦，走了长城发现，食无定所亦有乐趣。与热情朴实的老乡闲话家长，虽是短暂的温暖，却是为接下来的行程"续航"。

"打卡"永登长城安山村段

新农村北长城

安山村长城之后是新农村北长城，往村子里去，是它的东头段长城。这一段长城同样是遇到的第一位大叔吴大叔带领我们寻找的，他准确地把我们带到了地方。这里的长城也有明显的界桩，边墙走向清晰，沿着路就往青寺镇去了。

新农村北长城

带我们找长城的吴大叔（左，75岁）

新农村长城南，一辆三轮摩托车绝尘而来，远处是太阳、羊群、黄土，构成西部特有的风景，荒寂中的生命，更加鲜活，夺人眼球。

杨水湾长城

在杨水湾长城的寻找过程中，我们路过了一座庙（后来青寺镇的老乡说是张家庙），有心进门祭拜，但门上了锁。也许是心诚则灵，走过庙，长城就出现在我们面前，正是杨水湾段长城。就着长城墙体，有一座依墙体而建的老房子，已然破败、废弃。

青寺镇昌隆山长城

长城过了杨水湾之后，来到青寺。老乡说长城就在老爷山上，老乡口中的老爷山，即昌隆山。上山后最

一骑绝尘

老爷山

张家庙

先见到的是昌隆山剧场对面的文魁阁，文魁阁再往上就是老爷庙（关公庙），待见到老爷庙，也便看到了长城，就在远处的护法殿旁。

在庙宇体系里，一进庙是山门，山门两侧是四大天王（门神），再往里是护法殿，供奉的是杨戬（三只眼天神），过了护法殿，一般是弥勒殿，再往后去就是释迦牟尼殿。

庙宇建筑群：护法殿—雷祖庙—菩萨殿—老爷殿（由南往北）

此地的建筑群是南北走向，依次的庙宇是护法殿—雷祖庙—菩萨殿—老爷殿，其中菩萨殿放在了中间比较重要的位置，把孤魂殿放在了下面（常规寺院里，孤魂殿一般在一进山门左侧，很小的角落里）。

中国有一个词"孤魂野鬼"。孤魂殿供奉的就是孤魂。相传，有家族的人，死后可以回祖宅，但若人在他乡，死后便无处可去。所以修建孤魂庙，就是让这些死在他乡的人有处可去，它和藏传佛教里供奉的鬼王作用是一样的。让那些没有安放的灵魂找到一个栖身之所。

"瘟神殿的由来，出于先人对自然界的敬畏。七情六欲，人生难免，其中敬畏和痛恨是两种境界。老天爷带来水灾，人们可能有时痛恨它，但更多的是敬畏，因为敬畏而去祭拜它，让它给世人带来福报。古代瘟疫一般无法救治，人一旦得了瘟疫，只得听天由命，所以唯有去供奉瘟神，生发良好的愿望。"

这里的瘟神殿、雷祖庙、关公庙、护法殿都属于我国道教传统建筑，中间加了个菩萨殿属于佛道合一。

来到护法殿，长城赫然于眼前。

庙宇建筑

在护法殿长城边上，张老师对这一天的行程做了总结："一心向佛，寻根入戏。"这一天一路走来，符合一心向善因果关系，先看到老爷山，见到老爷庙，还没拜，就看到护法殿旁边的长城；杨水湾长城也是，张家庙旁就是长城。

天将晚，远处隐约的红色灯光处就是红城了，红城下面是苦水，我们到苦水长城后不会再继续往南，而是转弯往东，沿着黄河边寻找了。黄河边的河口镇，是庄浪河流入黄河的地方，也是我们兰州行程的最后一个地方，距离这段行程告一段落越来越近……此时的成就感竟油然而生。

行走是拓宽认知的过程，也是发现美的过程。"山气日夕佳，飞鸟相与还。此中有真意，欲辨已忘言。"

几度夕阳红

战斗在抗美援朝的钢铁运输线上

张启帧／口述　张甫安／整理

我叫张启帧，93岁，是一名志愿军老兵。2023年是抗美援朝战争胜利70周年，我现在和大家一起纪念这个辉煌的日子。回想起在朝鲜战场的那一段舍生忘死、浴血奋战、艰苦难忘的岁月，至今历历在目，让我感到无上光荣与自豪。

万里赴戎机

1949年，我的家乡黄陂县（今属武汉）解放了，那年我19岁，考进了武汉四野中南军政大学。一年后毕业，被分配到广州军区汽车二团任排长兼文化教员。1951年，我跟随部队乘火车北上奔赴朝鲜战场，火车途经武汉站作短暂停留，我趁机下到站台散步。途经家乡，心情不免万分激动，我情不自禁地朝着黄陂县城方向伸开双臂，放声高呼："家乡的父老乡亲们，我要去朝鲜打仗，抗美援朝、保家卫国啦！我不会辜负你们的期望，我一定不怕牺牲，英勇打仗，多杀几个美国鬼子，打完胜仗凯旋时，再向你们报喜。乡亲们，再见啦！"话音刚落，站台上顿时爆发出战友们的一片欢呼声。

我们到达铁岭，随后被改编为汽车第10团，战士们也换上了御寒的冬装。大年三十除夕夜部队开拔，由成百辆装满了枪支弹药的卡车组成的长队，浩浩荡荡，冒着风雪抵达安东（今丹东），然后在冰面上行进，跨过鸭绿江，进驻朝鲜的新义州。

钢铁运输线

车队一过鸭绿江就立即进入了战场。我们接到的任务是马上给前沿阵地输送弹药，为躲避美军飞机的轰炸，只能等到晚上行进。汽车行驶在崎岖的公路上，夜间开车看不清路面，怎么办？于是我急中生智，跳下车来，把棉背心翻过来穿上，让白色的里子露在外面，司机打开汽车小灯，我在前边小跑引路，司机看着我的白色身影，紧随其后，行车非常安全。美军飞机来了，我们就停车熄灯熄火，东躲西藏，等飞机走了再开，就这样和敌军来回周旋，在天快亮时，终于安全到达了第一站"龟城"。

等到太阳刚刚落山，车队再出

发，在公路上继续前进。突然从云层里钻出来一群"黑寡妇"歼击机，飞得很低、很慢，沿公路寻找目标，发动攻击，我方一辆弹药车被击中起火、爆炸了，另一辆车熄火停在路中间抛锚了。我蹲在路旁，大声呼喊："赶快下车离开公路隐蔽。"话音刚落，又有三四架"油挑子"敌机飞过来在公路上空轮番进行轰炸，直到天黑才飞走。飞机走后，我们清理队伍，发现司机老梁的胳膊被炸断了，助手小李的下巴也受伤了。连长赶紧招呼随队卫生员取出急救包对伤员进行临时处理，并立即派车把两位伤员送到设在附近南亭里的战地医院就医。我们整顿片刻，车队继续前进，冰天雪地，行车路滑，行进十分困难，每位司机都要特别小心谨慎。突然，前面传来坏消息，打头的车过河走错了方向，开到河中间时冰塌了，整个车陷进了深潭，车门被锁住打不开。连长和司机被憋在驾驶室里出不来，只得把玻璃窗砸碎，人才被慢慢拉出来。连长受寒感冒病倒了，无奈只能带病随车坚持战斗。车队继续前行，到达三登。三登是新义州铁路线的终点站。到站后，我们立即把物资卸下来，把将物资运往前方阵地的任务交给三登的汽车运输队去完成。运输队在三登以南的马山里有一个基地，周边山沟中修建了许多汽车掩体，每天晚上他们到三登火车站装上我们送来的武器弹药、食品等物资，连夜将其转送到前沿阵地，然后迅速返回将汽车开进掩体停放，再回营房休息。这正是：任凭敌机狂轰滥炸，我们往返运输自如。这就是我们志愿军的钢铁运输线。

血染"阿玛尼"

有一次，我带领三辆卡车前往洪川以南的"上下水泊里"执行任务，从三登出发整整走了一夜，拂晓时到达了"兔山村庄"。村庄很大，有400多户人家，我们把车子伪装后，找了一户人家住下。这户家里有一位"阿玛尼"（朝鲜语：老大娘）和一个四五岁的小女孩，孩子活泼可爱，"阿玛尼"很热情。我们的到来，给她们带来了暂时的欢乐。

然而，罪恶的战争瞬间给她们带来了灭顶之灾。夕阳西下，我们正准备起程时，突然呼啸一声，该死的美国飞机又来了，一架"黑寡妇"俯冲下来对着村庄狂轰乱炸，吓得小姑娘跑出屋外。我还没来得及去保护她，她便被炮弹击中倒在地上不动弹了，周围是一摊鲜血。只见"阿玛尼"的左胳膊被弹片削掉了一大截，鲜血染红了她的长裙，她痛苦地躺在地上呻吟。见到这般情景，我心痛如绞，急忙找到了一件旧衣服给她做了包扎。但"阿玛尼"很坚强，没有哭泣，只是紧紧地拉着我的手。我紧握拳头对她说："中国人民志愿军，一定要狠狠地把美国鬼子斩尽杀绝，为'阿玛尼'雪恨，为朝鲜人民报仇！"由于有任务在身，我不便久留，无法照顾"阿玛尼"，只好挥泪惜别，继续开车前进。我们穿过硝烟弥漫的战地，半夜三更终于到达目的地，向前沿阵地部队移交了物资，拿到了收条，圆满完成了任务。

不久，当我们再次执行任务路过"兔山村庄"的时候，村庄已经被炸成了一片废墟，只剩下一棵只有一半树枝的大树依然屹立在村头。后来听说，正是那棵树挂掉了美军一架军用飞机的一支机翼，致使其在村外不远处坠毁了。

智擒美国兵

一天晚上，夜色朦胧，我们团的小宋司机和他的副驾驶，接到紧急任务，开着一辆苏联吉斯卡车，拉了一车高粱米，将高粱米送往志愿军前沿阵地。卡车行驶到交叉路口时，由于天黑，没看清路标，他俩驾着车冲过了志愿军前沿阵地，误入了防线一千

米外的美军阵地上。刹那间，小宋发现不对劲，走错了，赶紧掉转车头往回开。不料，倒车时后轮猛地滑到了公路边的沟坎里，汽车陷在沟里出不来了，偏偏在这要命关头，前面又来了一辆罩着篷布的美军大道奇十轮卡。这可怎么办？说来也巧，夜色昏暗，美军司机把小宋二人当作了南韩军，叽里呱啦打了个招呼，转身提上水桶，顺着山坡下山打水去了。

小宋一看大道奇驾驶室的门正开着，引擎转着也没熄火，顿时心生一计，把嘴凑到副驾驶的耳边嘀咕了两句。只见他俩一左一右，绕过车头，"嗖"一下钻进了大道奇的驾驶室，说时迟，那时快，一踩油门，迅速启动十轮卡上路了。为了防止颠醒车里的美国大兵，小宋不急不慢、平平稳稳地把车往志愿军前沿阵地开。途中，副驾驶时不时地轻轻地掀开篷布，监视着里面坐着的二三十个怀抱长枪的美国大兵，只见他们睡得正香，副驾驶示意小宋"不妨事"。小宋立即加大油门，借着照明弹的余光，一溜烟将车子开到了志愿军驻地，跳下车立即报告领导，迅速集合几十名全副武装的战士，围住大道奇十轮卡，用刚学会不久的英语大声喝道："Put down guns！"（"放

下枪！"）"Hands up！"（"举起手来！"）还在酣睡的美国兵猛地惊醒过来，不知所措，吓得直哆嗦，一个个老老实实、规规矩矩地把枪放下，跳下车，双手举过头顶，乖乖投降了。战友们一边收缴枪支，一边清点俘虏人数，不多不少，总共25个美国大兵。望着眼前这满满的一车意外的收获，战友们个个高兴得合不拢嘴。

反"围剿"斗争中的红色电波

别世芳

我自幼偏爱古今中外的军事历史。前些天，我的一位老战友通过快递的方式给我寄来一本书。我打开一看，是刘寅同志撰写的《我军无线电通信初创时期的回忆》。手捧此书，我惊喜万分，如获至宝。闲暇之余，认真品读，作者在书中对我军无线电通信工作的真实回忆，深深地感染了我，让我不断回想起那段不同寻常的岁月。

先机制敌

1930年8月23日，红一、三军团组成中国工农红军第一方面军，由朱德任总司令、毛泽东任总政委。在随后的龙岗战斗、东韶战斗中，红军缴获了一部半电台。1931年1月10日，红军第一支无线电队在宁都成立，由王诤任队长、冯文彬任政委。红军无线电队成立以后，依靠这一部半电台搜获了大量的军事情报，使红军对国民党军的行动了如指掌，将敌人打得焦头烂额。1931年4月上旬，蒋介石向中央苏区发动第二次"围剿"。王诤带领无线电队日夜不间断地监听、捕捉敌方电台信息。当时，国民党部队每到一处使用电台开始联络时，都先问对方在何处，以便确定位置。由于参与"围剿"的国民党部队比较杂乱，统一密语行不通，他们之间的联络普遍使用明语，这就等于不间断地向红军报告了部队的行动和部署。1931年5月12日18时，红军无线电队收到国民党军队驻富田的第28师师部电台发给该师驻留守处的一份重要情报，内容是："我们现在驻富田，明晨出发。"敌留守处问："到哪里去？"敌师部电台回答："向东固去。"我军看到情报后，立即下达了命令：

"零点起床,一点吃饭完毕,一点半集合、出发。务于拂晓前占领东固一带有利地形,待机歼敌。"经过一昼夜的激战,歼灭敌第28师全部和敌第47师一个旅的大部,同时还缴获了国民党军一部100瓦的完整电台,俘获敌第28师全体无线电人员,取得了第二次反"围剿"的首战胜利。在随后的草台岗战役中,中央军委二局截获敌第5军和第11师来往密码电报,红军三改作战计划,最终顺利围歼国民党王牌部队第11师,粉碎了敌人第四次"围歼"行动。在这几次反"围剿"战役中,侦收的敌方情报,成为红军提前掌握敌人动态、下定作战决心的主要依据。

指挥高效

自反"围剿"作战开始以来,红军无线电队一直使用缴获的敌军的一部半电台进行单向通信,只能搜获情报,不能沟通联络。最初,由王诤、伍云甫、曹丹辉等带一部电台跟随毛泽东、朱德在前方,由曾三、刘寅等带收信机在后方实行24小时守听。前方有事时,随时架设电台发报,可使后方及时了解前方情况。东固一战,红军完整缴获了敌第28师100瓦大功率电台一部。于是王诤立即调整电台人员,由伍云甫、曹丹辉等带15瓦电台跟随毛泽东、朱德到前方;由王诤、曾三、刘寅等带100瓦电台跟随叶剑英留在后方办事处。不久,王诤截获蒋介石发给何应钦的急电,敌企图趁我主力出击赣东、闽西之际,对赣南根据地进行清剿。面对蒋介石调集的30万大军,红军总部通过无线电联络指挥两个军团主力从闽西出发,绕道回到赣南根据地西部的兴国集中,由兴国经万安突破富田一线,再由西至东向敌后方联络线上横扫歼灭,取得6战5捷,彻底粉碎了敌人的"围剿"。到第三次反"围剿"结束,中央红军的电台已经增加到10部,随着电台数量增多和技术力量增强,红军成立了无线电总队,主力部队成立了无线电分队。1931年6月,红军前方电台同后方办事处电台实现了第一次无线电通报联络,红军的无线电通信由此正式开始。毛泽东主席曾经评价说:"有了无线电通信,红军从内线转到外线作战,就更加灵活了,部队就更能撒得开,收得拢了。"1931年12月,宁都起义部队带来了8部电台和40多名技术人员,红军无线电通信事业实现了飞跃发展。由于有了电台,红军指挥变得更加高效顺畅。

破敌密码

由于国民党军多次"围剿"失利,

其加强了无线电通信保密强度并使用了密码，先后明文规定"党内交流要使用密码""各个部队要不定时更换密钥"，还特聘国外专家为其重新编制电台密码，红军侦收的电报成了无法解读的"天书"。对此，红军成立专门侦收和破译无线电的军委二局，局长曾希圣一方面布置侦察电台抄收密电，通过战况实际分析敌军电报；另一方面向周恩来、王诤请教编码规律、敌密码编制和使用规律。1932年8月，红军取得乐安宜黄战役胜利后，缴获国民党军第27师大量电报底稿，曾希圣在敌第9路军司令孙连仲所发30多字的密电中找到线索，他指示侦察电台重点抄收孙连仲电报。同时，根据发电习惯、行文风格，比对电文，前后猜字联结，还原出敌"展密"密码本。1933年初，国民党开始使用非明码做底本，开始使用上下左右没有固定关系的特别密码本"猛密"，并且更换频繁。即便如此，曾希圣带领人员用7天时间成功破译，全部掌握敌基本位置、行动企图、部署调动、装备补给和口令信号，为红军后续行动创造了有利条件。周恩来总理在吸取苏联密码编码经验的基础上，结合汉字和阿拉伯数码特点，创编出我军最早应用的高级密码"豪密"，完全不予敌军分析的机会。"豪密"的使用，使红军无线电通信更加安全保密。另外，中革军委为保证我军无线电通信安全，自1932年起，相继发布了《关于无线电通讯简则的训令》《关于保障无线电密码通信安全的密令》等无线电通信工作法规，强调无线电通信保密的极端重要性，建立了严格的通信保密制度和纪律。

红军在反"围剿"斗争中，灵活运用无线电通信技术实施联络、侦察、破译、伪装，及时掌握敌军企图和作战部署，有效提升作战指挥和部队行动能力，对挫败敌人阴谋、保存红军实力、扩大政治影响、巩固中央苏区政权具有重要意义。"红色电波"永远不会消失，这是因为它早已被我们伟大祖国的江山所记载。我军无线电通信工作从红军时期开始，至今已有90多年了。

笔者作为一名曾经从事过军队机要和通信工作的军休干部，今天重温无线电通信历史，心情久久不能平静。我们要学好百年党史，牢记初心使命，赓续红色基因，凝聚奋进力量，在习近平新时代中国特色社会主义强军思想指引下，发挥余热多作贡献，为我军现代化建设继续努力奋斗！

景迈古茶——一片树叶的故事

王雨莹　谢雨檬

中国是茶的故乡，景迈山是普洱茶的源头。作为茶叶的母国，为在世界范围内发扬茶文化，我国自2012年启动景迈山申遗工作。历经10余年，在第45届世界遗产大会上，普洱景迈山古茶林文化景观于2023年9月17日被列入《世界遗产名录》。此前，在世界三大饮品中，葡萄酒和咖啡都有与之相关的世界遗产，唯有茶迟迟未能登上世界遗产的舞台；普洱景迈山古茶林文化景观列入《世界遗产名录》，开启了茶文化作为世界遗产构成要素的先河。亚洲地区茶文化丰富多样，景迈山的申遗展现了世界对茶文化的肯定，这无疑激励了印度、日本等拥有大面积茶产区的国家深入挖掘茶文化，有利于世界茶文化的多元发展。

一、普洱茶的生长环境、制作工艺及食用习俗

景迈山绝对地理位置为22°11′14″N，100°00′39″E，位于云南省普洱市澜沧县惠民镇，面积394平方千米；其中，遗产地总面积190.96平方千米，包含5片古茶林、9个传统村落和3片分隔防护林。景迈山古茶林占地面积约2.8万亩，实际种植面积约1.2万亩。景迈山古茶树，不同于其他茶园的梯田式种植，其自上而下的"森林—茶树—农田"立体种植结构，是布朗族、傣族先民在西南地区艰苦生存环境下创造的。山川崎岖，可使用的耕地面积少之又少，立体农业极大地提升了土地利用率，保护生物多样性。在多种作物的共同滋养下，景迈山大叶茶应运而生。

景迈山的普洱贡茶之所以能长期作为皇家贡品而不外流，与其制作工艺息息相关。从采摘开始，就有许多讲究。陆羽《茶经》云："其日，有雨不采，晴有云不采。晴，采之、蒸之、捣之、拍之、焙之、穿之、封之，茶之干矣。"景迈山上生活的居民也是如此，只有晴天时才采摘茶叶。清晨采茶，"采茶菁"，赶在日出前出发，爬至茶林处采摘带有露水的茶叶。采茶时须采嫩叶，并在每株留下一两片鲜叶，以便来年可顺利生

长。采茶一事最是仔细轻柔，大都由年轻女子完成，更有甚者"由未婚少女采摘"。

摘下后的流程更为繁杂。初步晒除水分，"萎凋"。铁锅高温翻炒，"杀青"。在此期间要不停地翻抖，使锅内的茶菁均匀受热。揉捻晒干，顺着一个方向揉动，即为"晒青"。最后泼水发酵，"渥堆"。好的普洱茶经长期存放，叶片颜色会转变为金黄色，这就是传说中的"金瓜贡茶"。

除了直接用滚水煮茶，景迈山居民还有其他饮茶习俗。酸茶是布朗族待客或自食的一种腌茶，遇上喜事或待客时，取出腌好的茶叶，和辣椒、盐巴一起来款待宾客。可以直接食用，茶叶酸涩、清香，喉舌清凉回甜，有消化和解渴之效。另有"烤茶"——将摘下的叶片放入茶罐烤熟；"青竹茶"——上山遇竹林，砍竹兑以山泉并煮沸，放入茶叶，茶香与竹香相辅相成。多种饮茶方式使原本单一的茶叶在布朗族、傣族等少数民族人民手中"活"了起来。

二、景迈山地区重要少数民族文化

景迈山地区居住着很多少数民族，布朗族是其中最具有代表性的少数民族之一，他们主要生活在云南省西部和西南部的沿边地区。布朗族拥有自己的语言——布朗语，但布朗语没有文字。不过，布朗族有着非常丰富的口头文化，这些文化大都与茶有关。

布朗族属于云南百濮族系，是古代濮人的后裔之一。他们的祖先最早居住在昆明滇池一带。在东汉末年，由于受到其他民族的进攻，他们被迫向西南迁徙，最终来到了如今云南德宏一带。后来，百濮族群内部发生冲突，他们分裂成了两个部落：泥洼部落和帕哎冷部落。泥洼部落是现在佤族的前身；而帕哎冷部落正是现在布朗族的前身。

景迈山地区流传着很多有关茶神的传说。布朗族人尊奉他们的王子帕哎冷为茶神。但是，当地另一个少数民族傣族则尊奉傣族王子召糯腊为茶神。虽然布朗族和傣族关于茶神的传说在细节上有些不同，但大体上都是祖先迁徙、发现茶树、救治病人、种植茶苗的故事，它们的精神内涵都是一样的：对于祖先发现茶并将茶流传给后代的感激和赞美之情。

景迈山地区的少数民族都对茶有着深厚的感情。对于布朗族来说，山康节是他们最重要的节日之一。山康节始于公元307年，相当于布朗族的新年。山康节的活动一般持续4天，他们祭拜祖先，祈求茶祖保佑他们新的一年风调雨顺、五谷丰登、茶叶丰收。

除茶神崇拜以外，山川、日月等自然景观同样是景迈山居民的信仰。此外，对当地居民影响最大的，还有自缅甸而来的南传佛教。但值得一提的是，当地最著名的佛塔却不是南传佛教的形制。在茶马贸易的影响下，外部的文化宗教随着金钱、粮食的流入而进驻，当地居民也开始接受外来文化。可能正是如此，景迈山才会有汉传佛教的"芒洪八角塔"出现。

在民族艺术方面，布朗族的弹唱是我国非物质文化的瑰宝。弹唱歌曲主要讲述了布朗族的历史传说和宗教信仰，有着浓厚的布朗族文化特色。

在居住形式方面，最具代表性的就是当地的干栏式民居，它们分为上下两层，上层住人，下层驯养家畜、堆放农具。由于拥有充足的日照条件，他们往往在上层进行晒茶。干栏式民居独特的外观和结构，有机地将茶产业、养殖业和生活居所结合在一起，使得一栋建筑能够拥有多重的作用。

三、景迈山地区的传统村落

景迈山地区的少数民族依山而居，建立了许多不同的村落。一般村落都选择建立在距离水源较近的地方。每个村寨都有寨心，村民居住的房屋都围绕着寨心进行修建。不同少数民族的村寨建设也有所不同：布朗族的村寨根据其规模的大小可以有一个或多个寨心，并且建筑布局比较松散开阔；而傣族村寨无论大小都只有一个寨心，建筑布局较为密集。

随着经济的高速发展，城市化进程大幅度地推进，景迈山地区也不例外。在原有村寨的基础上，逐渐产生了一些新村寨。与老村寨不同，新村寨大都修建在公路旁边，城市化趋向严重，逐步脱离了传统村落的形式。另外，一些新村寨是在老村寨基础上改造而来的，有砍伐茶林、改造土地等情况，不仅侵占了传统村落的土地，还破坏了景迈山茶林的种植与保护，对景迈山地区少数民族文化的传承与发展有着消极影响。

在村落建设改变的同时，该地的建筑也有了相应的变化。原来的干栏式民居完美地结合了当地居民的生活、生产，但现在由于人们对建筑外观、舒适度等方面的要求提高了，一些人将原来的房屋翻建为现代的别墅建筑，并且新式建筑往往使用现代的建筑材料，与传统建筑格格不入。

近几年，随着人们对于文化遗产保护意识的提高，景迈山地区村落建筑又逐步得到了保护与改善。由于景迈山的村落变化是适应着当地村民生产生活需求而逐渐变化的，所以在保护村落的过程中，要充分考虑村民的生产生活需求。针对不同功用的建筑，进行有区别的保护。

四、人与自然：过去、现在与未来

天然林下种植古茶的传统种植方式，是可持续的生态系统与土地利用方式。当地人对古茶园实施的传统保护方式使得景迈山古茶园景观在千年的演进中仍然保持着生命力与活力，原始的茶园景观在历史的演进中没有丝毫的损害。这深刻地反映出当地人对茶园景观的尊重和理解，体现了人与自然的和谐共生，从而使景迈山成为活态遗产。

作为一种人与自然和谐共生的文化景观，景迈山完全具备文化景观的三要素：表象要素、内在要素和关键技术。作为表象要素的古茶林和传统村落，古茶林的林下种植前面已有描述，传统村落则是依山而建。对于内在要素，其核心便是几千年来景迈山居民所贯彻的生态伦理。基于"万物有灵"的自然崇拜、南传佛教的宗教信仰等形成了保护环境、人与自然和谐共生的理念，为景迈山千年而不衰的自然景观的存在奠定了基础。对于关键技术，除种茶、采茶外，村落的向心式布局也体现了信仰体系的空间布局特色。

随着文化遗产保护工作的进行，现在的景迈山早已不是偏远而无人知的小山沟，而是以"世界茶源"的身份走向世界。金瓜贡茶走进了人民大会堂，景迈山当地村民走入外交部蓝厅为外国友人泡茶……景迈山越来越为人所知。当地旅游业迅速发展，像"景迈人家""阿百腊"这样的当地茶叶合作社、民宿也纷纷涌现。但是，作为原始茶林，景迈山经不住不断的扩建和改造，因此当地居民在政府号召下停止了扩建，只为保住景迈山这一方净土。现在的景迈山，有充满原始气息的茶林，也有充满现代气息的新兴民宿，一改破旧落后之貌，焕然一新。

随着普洱景迈山古茶林文化景观成为世界文化遗产，景迈山将在管理体制等方面继续探索，开展社区式管理，让当地居民参与保护和传承景迈山茶文化。不仅如此，茶叶加工现代化、景区旅游等都是未来发展的方向。我们坚信，在社会各界的不断努力下，景迈山茶文化将作为中国茶文化的典型代表，成为中国文化走向世界的新名片。

书房斋室　高洁古雅

王家年

今人书房，古称书斋，是住宅内用作阅读、学习或工作的地方。一个"斋"字，透出的是高洁清雅之意。古书《说文》云：斋，洁也。其"洁"必然是身心的雅洁。入书房，心神才会俱静，修身养性，如同斋戒一样。

书房之名，是主人的人生信仰之所在，能够从其间窥见主人的情操与情趣。有如：刘禹锡的"陋室"，诸葛亮的"茅庐"，扬雄的"玄亭"，梁启超的"饮冰室"，鲁迅的"绿林书屋"。

李白的书斋叫"青莲故居"，从中肯定不难发现诗仙的高雅。蒲松龄自号"聊斋"，他的"聊斋"里没准就能走出一位狐仙来。

20世纪80年代初，笔者曾去拜访过郑老郑逸梅长寿路的寓所书斋"纸帐铜瓶室"。这书斋名用了80年。郑老为民国鸳鸯蝴蝶派的作家，南社社员，后聘为上海文史馆馆员。郑老以擅写补白文章闻名于海内外，素有"补白大王"之誉。我拜访过一些当代文人墨客的书房，除掉书架的

布局合理和图书分类精准外，还有人在书房内别出心裁地装点，那气息使人浑如步入清新雅致的红尘之外的世界。在这样的地方，不说看书写作了，就是待上一会儿，也感受到心灵在慢慢地归于平静。从那样的地方走出的人，俨然非同凡俗了。

一次，我去寻找脉望馆，它位于常熟南赵弄，为明代藏书家赵用贤故居，今存中落三进。宅内大木构架、梁枋彩画、雕花柱础、雕花踢脚砖和丁字斗拱等均为明代原物。第一进门屋三间，因赵用贤之孙赵士春崇祯十年（1637）中探花，有"探花第"匾额，门屋以山柱分隔前后，后部增置檐廊，檐下施五彩单翘单昂斗拱，额枋上绘有彩画。第二进大厅三间，名"保闲堂"，梁上雕刻云鹤、荷叶等精美图案，梁枋、斗拱上俱施彩绘装饰。大厅东侧厢屋为三间书房，即"脉望馆"。赵氏父子两代人奢书成痴，脉望馆声名远播，显示出文人对书籍的尊重。脉望，是一种书虫。据《仙经》记载："蠹虫三食神仙字，则

化为此物，名为脉望。"把藏书之室取名"脉望馆"，赵用贤、赵琦美父子对书的奢爱可见一斑。

季羡林在《我的书斋》中谈道："我确实有个书斋，我十分喜爱我的书斋。这个书斋是相当大的，大小房间，加上过厅、厨房，还有封了顶的阳台，共有八个单元。藏书册数从来没有统计过，总有几万册吧。在北大教授中，'藏书状元'我恐怕是当之无愧的。而且在梵文和西文书籍中，有一些堪称孤本。我从来不以藏书家自命，然而坐拥如此大的书城，心里能不沾沾自喜吗？"

书房需有器，格物而自知，藏玩以养心，不玩物丧志，只借境调心。书房布陈，如笔墨纸砚，琴棋书画，竹石兰草，藤杖如意皆可。明代陈眉公，写出了最理想的书房之境："净几明窗，一轴画，一囊琴，一只鹤，一瓯茶，一炉香，一部法帖；小园幽径，几丛花，几群鸟，几区亭，几拳石，几池水，几片闲云。"那样的境界非常人可以企及，或可执着于一类，如董其昌的《骨董十三说》、文震亨的《长物志》、高濂的《遵生八笺》、赵明诚与李清照的《金石录》、王世襄的《自珍集》，由器及人，在格物中颐养真气。器物需清雅，愈古

愈美好，秦俑汉俑、魏晋造像、明清家具、宋代瓷器等奇珍异宝，遥不可及。但万物皆备，取用在我，找些朴而不拙、工而不匠的旧物，它们温润质朴，身上流淌着时间的痕迹。在这意象之美中，游目骋怀，物物着我之色彩，顿生幽旷的生命意境……

古代文人墨客读书论著、吟诗挥笔的斋室，早已烟消灰灭。当年为斋室镌刻的印章，谓"斋室印"，尚有留存多见于书画、版本和简札上。最早见于记载的斋室名，是三国时曹克的"遂志之堂"。最早的一枚斋室印是唐代大臣李泌的"端居室"印，自此蔚成风气。真正的读书人都起个斋室名，镌刻一枚印章，充作文玩，至今不衰。

古人斋室的命名，寄托的本意是多方面的。有修身养性、以为诫勉。如李泌的"端居室"，是演绎《周礼》中"居天下之大端"一语而成，告诫自己要做个刚直正派之人。宋代书家吴琚的"退思堂"，源出《左传》："林父之事君也，进思尽忠，退思补过，社稷之卫也。"强调自我修养，成为有用之才。

有以物寓义，陶冶情趣；或以金石书画而得名。历来松、竹、梅是高风亮节的象征，古人遂以此颜其斋

室，表明心迹。如有元代赵孟頫的"松雪斋"、元代王冕的"梅花屋"、清代朱彝尊以别号书为室名"竹垞"等。北宋米芾珍藏有晋代法帖，斋堂为"宝晋斋"。清代陈介祺，一生集有古代玺印一万枚，斋名称"万印楼"。耐人寻味的是，清代收藏家沈韵初，梦寐以求小蓬莱阁汉石经残字，请好友赵之谦先镌刻了"汉石经室"一印供赏。嗣后，沈氏历经沧桑终于获得汉石经，使"汉石经印"名实相符，堪称斋室印中的一桩奇闻逸事。

也有斋室名目，是用以记录某种遭遇或特定典故的。宋代苏轼谪贬黄州寓居临皋亭，在亭的东坡建一堂屋，巧逢下雪之辰竣工，因而取名"东坡雪堂"，闻名于世的"东坡居士"大号由此而来。司马光的"萤照楼"典出于晋代车胤的萤光照读。据传，清代诗人龚自珍获得一枚稀有的汉玉印，鸟虫书的印文被释为"緁伃妾赵"四个字，认定是汉代名宫妃赵飞燕的用印，便立即建起了"宝燕阁"。忙了一阵，殊不知印文中的第四字当释为"娟"。风马牛不相及，两者之间毫无关系，啼笑皆非，竟成为斋室印的笑话一宗。藏书家周春，因得宋刻本《陶渊明诗集》《礼记》

而喜，将书室定为"礼陶斋"；后把《礼记》舍弃，遂改书室为"宝陶斋"；后又忍痛割爱《陶渊明诗集》，终定名为"梦陶斋"。类此随藏书集散而易斋名的逸闻，在史籍中一时传为趣谈。

南宋词人张孝祥，一生抄录诗书六千卷，治印"手抄六千卷楼"，作为斋室印。明末文人张溥每见好书妙文，必抄录之，并反复熟读七遍，使之融会贯通后，随将抄稿焚毁，故而镌刻一枚名曰"七焚斋"的室印，以志其攻书之法。在古人拥有的不少的斋室印中，炫耀家珍一类的当数乾隆皇帝，他占有了晋代大书法家王羲之的《快雪时晴帖》、王珣的《伯远帖》、王献之的《中秋帖》。有了三件稀世之珍，故其斋室为"三希堂"，并留下"三希堂精鉴玺"御印。古文字学家吴大澂，曾获古代将军印二十八枚，怡然以"二十八将军印斋"为室名。饶有趣味的是，他先后镌过洋洋洒洒长达十四个字的"五十八璧六十四琼七十二圭精舍"等二十八个斋室印章，为古今之冠。

有的斋室印往往是不存在斋室的，仅留印章。如明代文徵明，曾为自己的居处取过"友山草房""玉磐山舍""玉兰堂""安处斋""停云馆""悟言堂"等许多雅称，正如其所言："我之书屋多起造于印上。"这类印章只能说是文人遣兴的"文学小品"罢了。

名人书斋是个有故事的地方，能不能看得见这些故事，就在于通过纸张访问书斋的你，通过慧眼细心去发现了。

书房，多么高洁古雅的名字，默念一遍，暗想一回，就能平心静气，心向往之。书房，寄托了文人的最高理想，是文人精神气质的体现，是文人灵魂的依托。一间书房，半生奢想，充满着雅意，萦绕着书香，可明心灵，可养气质，可齐涵养，可寄精神，是摆脱尘俗烦恼的精神栖居地……

书画园地

马程作品

李永池作品

大运河：流动的血脉

——荐书《流变之景——艺术史视域中的大运河》

曾泽伊

大运河被誉为"民族流动的血脉"，它穿梭在千百年的历史长河中，跨越了数十座城市乡镇。大运河既是物质的，又蕴含着非物质的元素，它为运河沿线地区带来了人员与物资的流通，更为各地文化的塑造提供了重要契机。它既是流动的水，也是流动的路，更是流动着的生命。人造就了运河本体及其自然与人文景观，而运河同样会反哺于人。

由人民美术出版社推出的《流变之景——艺术史视域中的大运河》，是一本聚焦在视觉与物质视角下讲述大运河流变的学术图书。作者王磊，艺术史学者，扬州大学美术与设计学院讲师、硕士生导师。作者结合严谨的图文史料与其多年的实地考察工作，将大运河本体及附属物置于艺术史视域，以水为脉络，以物为核心，以人为载体，围绕与运河相关的城市、画作、桥梁、园林、图册等5个方面，充分展现了大运河的历史景象与艺术构成，主要时间线贯穿了自隋

朝大业元年（605）营建通济渠至清朝光绪三十年（1904）废止漕运之间的13个世纪。该书是中国出版集团统筹策划的"中国出版国家文化公园文库"首批出版项目之一，兼具突出的学术价值与文化价值。

作者王磊将本书的研究对象划定为三部分——大运河本体及附属组成、与大运河关联的人居场所及容纳或涉及大运河的绘画图像。运河本体的形成与流变固然重要，但大运河更广为流传的是因其而串联起来的包括空间与时间，物质与非物质，政治、经济与文化等各方面要素，以及运河从营建到使用再到塑造都离不开的主体——人。因此本书并未使用过多篇幅来阐述运河是如何形成与兴建的，而是以运河为线索，立体描绘了该区域内的人、物与水之间的互动和联系，以至于很多内容看似脱离了大运河的范围，但实则都是用来展现运河及其流变的方式。再加之配以大量景物图、古画、舆图等图像资料，得以

让读者更加清晰地认知运河历史，感受运河风光。

因此，本文将从作者设定的三大研究对象——运河本体、人居场所及附属建筑、绘画图像入手，主要探讨人在其中发挥的重要作用，以及运河是如何作用并反馈于人类生活的。

一、运河本体的形成与改造——人类活动的产物

运河即人工开凿或疏浚的水道，其开通在很大程度上取决于人的需要。书中首先简要介绍了大运河的历史脉络，指出其完整体系的形成主要经历了三个时期——始于春秋末期吴王夫差开凿的邗沟，发展于隋炀帝时期兴建的隋唐大运河，完善于元代以来贯通南北的京杭大运河。

一般认为，大运河最早的河段是当时被称为"邗沟"的淮扬运河，也称里运河，该河段沟通了长江与淮河两大水系。其开通最初是出于军事方面的需要，以便于运兵、粮等北上攻打齐国。邗沟的开通推动了淮安、扬州等古城的诞生与兴盛，也为隋唐大运河的开凿奠定了基础。至隋炀帝时，为了便于将粮食与物资、人员等供给洛阳，通济渠开始施工，古邗沟得以疏浚、改道；大业六年（610），江南运河开工，始于扬州，止于杭州。同时，为加强黄河中下游地区与关中地区的联系以及东征高句丽的需要，从洛阳通向东北方的永济渠开凿，此后各代又有所改建。自此，这条以洛阳为中心，南起余杭（今杭州）、北至涿郡（今北京）的隋唐大运河基本形成，正所谓"尽道隋亡为此河，至今千里赖通波"。到元世祖忽必烈时期，由于隋唐运河旧道历经变迁，久不通畅，开始重新修凿大运河，主要为由江苏取道山东、河北而直抵北京的"裁弯取直"工程，京杭大运河自此形成，也大抵被明清两代沿用。由著名水利专家郭守敬主持修凿的通惠河可直接将漕粮向西运往京城，大大节省了运输成本。

出于政治、交通、军事等目的，运河几乎成为历代王朝所重点关注的对象，也成了国运所需，千百年来在国家建设、社会治理等方方面面均发挥了极为重要的作用。尽管今日运河的功能已不同于往昔，但部分河段仍可通航，也由此为挖掘古运河的历史脉络与文化价值提供了更多契机，因运河而产生的种种自然与文化遗产也在以某种方式回馈于世人。

二、运河沿线人居场所及附属建筑——人类智慧的结晶

水是生命之源，依傍或穿越在

聚落间的运河赋予沿岸百姓以巨大生机和活力；同时，水和人的移动滋养着运河流域，还创造或激发了不同尺度、不同风格的城市、园林、桥梁等人居场所和附属建筑，成为艺术史视域下运河沿线最重要的物质遗存之一，为大运河完整体系的构造提供了丰富的资源。

隋大业元年（605），在修建通济渠的同时，隋炀帝重用宇文恺营建洛阳城，并将政权逐渐由大兴（今西安）转移至东都洛阳；唐代武则天则更是升洛阳为"神都"。作者王磊表示，洛阳城与大运河同属于完整的规划体系。洛河东西向穿过城市，多条具有漕运功能的支流又汇聚于此，使得城市呈现出运道纵横的布局，而漕河的巧妙配置也为洛阳城的兴盛奠定了基础。此外，大运河的流动还影响着墓葬建置，如南朝梁文帝萧顺之建陵外的神道石刻，很有可能是沿着水路从南京、镇江山区取材雕成后再运进丹阳陵区的。

该书之所以称运河之景为"流变"，在很大程度上取决于运河的重要功能之一——运输。它既输送了水源，也输送着物产，因此造就了运河沿线一种独特的景观——园林。以著名的苏州园林为例。苏州的内河与环

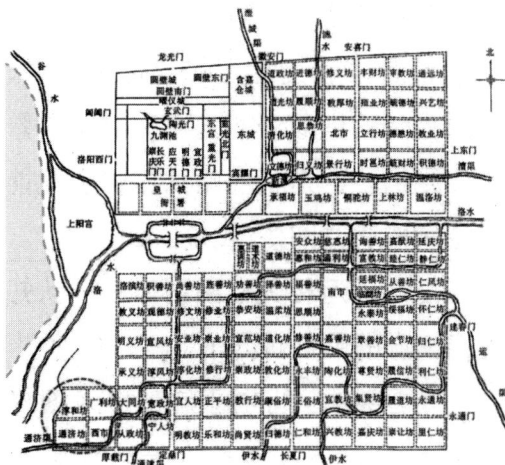

隋唐洛阳城复原平面图

城的运河息息相关，构成了一个水系整体，许多城内园林从河道引来活水，灌输山池，如三面临河的耦园。而园林内的许多假山石等造景之物同样是由运河输送来的，这为本就清幽雅致的园林又增添了些许韵味。正如作者在书中表达的："运河提供了园池之源，也铺筑了造园人的走廊。"

除了城池与园林景观，运河上还有许多附属建筑，其中比较具有代表性的为桥。桥是由水、陆双重空间所共享的资源。在运河沿线，百姓的出行离不开桥，它既是绝佳的观景平台，又是运河上重要的交通运输路径，同时也是突出的地标性建筑，甚至可以从桥梁的名称反映出古人的美好愿景。而历史上从桥的产生、再到多种类型桥梁的出现，一方面得益于人的需要，另一方面则取决于河的情

况。若河道较窄，可以选择梁桥或拱桥；若遇河道交汇，常会呈现双桥、多桥相邻的景象；若河道宽且运输繁忙，则需要建造长度略长、中心孔能满足大船通过的桥梁。

三、运河相关绘画图像——认知运河文脉的另一种方式

与运河相关的纪实性绘画图像主要包括以下几类：全景式绘画长卷，如北宋张择端的《清明上河图》；专门记录运道的舆图，以康熙年间张鹏翮《治河全书》中的附图为代表；还有由官方或个人主持绘制或刻印的图集，如乾隆《南巡盛典》。它们的绘制与出版或出于不同目的，但都有一个共同点，即可以让人们从中认识到运河的纪实流向、风物景致与风土民情。

以宋本《清明上河图》为例。《清明上河图》是现存最古老的大运河图卷，表现了北宋都城汴京（今开封）东角子门内外和汴河两岸的繁华盛景。而汴河也是隋唐通济渠的一部分。仔细观察可以发现，在《清明上河图》的中心位置绘制有一座木拱桥，在此桥附近演绎了极为戏剧性的一幕：桥面上有南来北往的行人、车轿、马匹等，十分拥挤；桥上及岸边的人们表现得尤为惊慌失措，目光大都聚集在了桥下；原来，是桥拱下的一艘大船发生了严重倾斜，似乎即将侧翻，而尚未完全放倒的桅杆也即将要撞上桥身。此时船上之人正在努力保持平衡并尽量控制船只，围观的百

张择端绢本《清明上河图》局部

姓似在惊声呼喊，欲上前施救，甚至有直接跨出桥栏者。

根据这一拱桥所呈现出来的局部画面以及作者王磊对其进行的解读便可得知：汴河自黄河引水，泥沙量大且水流湍急，重舟逆流进城有些吃力；且纤夫并未及时降落桅杆，使得舟、桥之间形成了潜在的张力，成为画中危险的根源；此外，攀在桥栏外侧的几人似在将绳子的一头抛向船顶，并由船顶的人接应，想要通过把绳子系在船上再由桥上众人合力拉拽的方式来稳定船只。而画中种种细节也表明，虽然《清明上河图》进行过些许艺术创作与加工，但必须得由作者自己目睹过类似的事件或掌握了相关的经验，方能绘制出如此逼真的场景。

总之，虽说这些绘画图像皆是因运河而创作、形成的产物，但后人同样可以通过这些遗留物来回看运河的历史风貌，认知沿线风土民情，了解运河上曾经发生过的奇闻逸事，畅想拥有无限种可能的对话与声音。

运河流变，景致万千。艺术史视域下的大运河一方面呈现了丰富多元的运河风光，同时彰显了劳动人民自古流传至今的勤劳、勇敢、智慧等形象。大运河最核心的功能——运输，为沿线各地带去了人员、物产与粮草的流通，以及至今仍能为世人所津津乐道的文明交融。而除了沿线地区的文化往来，来自世界各地的异域文明也伴随着这流动的水系翩翩涌动。

2014年6月22日，"中国大运河"被列入《世界遗产名录》，自此，大运河越发受到关注。大运河是祖先留给我们的宝贵遗产，是流动的文化，要统筹保护好、传承好、利用好。作者王磊在书中提及，"比之大运河自身的源远流长，视之为文物或文化遗产的历程相形见绌"。申遗并非终点，而是遗产保护工作的新起点。大运河是一个系统性的概念，除了运河本体，与之相关的人居场所、附属建筑、绘画图册、民俗风情等诸多要素皆属运河体系的一部分，因此需要用整体的、系统的眼光看待。而大运河及相关附属物的运营者——人，既是保护主体，也应是被保护的对象。且唯有人水交融，方能赋予运河以新的生机和无限生命。

哈瓦那老城区街巷

哈瓦那：
老人与海的故乡

朝　阳

对许多人而言，古巴首都哈瓦那代表着爵士乐、霓虹灯、老爷车、芭蕾舞和雪茄；象征着人类文明的辉煌与落寞，脆弱和坚强。我带着众多想象来到哈瓦那旅行，在此度过的两周内，所见所闻刷新了我对这座加勒比海岛的认知。

老爷车，流动的辉煌和落寞

行驶在哈瓦那的老爷车，基本产自20世纪五六十年代。当卡斯特罗在1958年推翻巴蒂斯塔政权后，富裕的古巴人和外国人望风出逃；资金可以轻松地越过海峡，而车辆和房产则被遗留在了身后的岛屿上。

70年间，这些逐渐步入高龄的古董车几经转手，驶过哈瓦那老城的石板路、城郊的甘蔗田，在飓风中破损，在海风里老去。汽车工业的缺失和零部件的缺乏，把不少古巴人培养成了修理古董车的技师。

落日前的海滨大道，是我在哈瓦那最爱去的消遣之处。比起老城内狭窄的街道和拥挤的人群，海滨大道倒有种好莱坞的氛围，金色的日光可以遮盖一切陈旧和破败，宽阔的海面也能让人的心情豁然开朗。在普拉多大道的尽头和23街的路口，余晖从左侧的新城洒下，海滨大道会呈现黄金一般的色彩，这让行驶其间的老爷车更增添了一些历史的沧桑。

游客们可以花上60美元，挑选一辆老爷车沿海滨大道游览一小时，这是古巴人三个月的薪水。这些作为出租车使用的古董车，大部分是雪佛兰的英帕拉，无论在外观还是内饰上，都保存得要远远好于古巴人的自

当地年轻人也驾驶老爷车

老爷车是古巴独特的风景线

用车辆——普通民众如果拥有自用车辆，基本是来自俄罗斯的拉达。

古巴人需要新车，而新车的关税达到了900%，如果没有美国亲戚的帮忙，修补后的旧车，是古巴人唯一用轮子代步或者获取经济收益的方式。游客们都很偏爱英帕拉，除了颜色讨喜，英帕拉即使是在诞生之初的70年前，也是美国富裕中产阶级最偏爱的车型，它几乎代表着美国造车工业审美的巅峰。其名字来源于栖息在非洲中南部的黑斑羚，我曾在南非的荒野中无数次和它们相遇，它们奔跑、跳跃，有着敏捷的身姿，像草原上的精灵。

而当下的古巴人，绝大部分是当年非洲黑奴的后裔，他们的祖辈曾每日在家乡的土地上与黑斑羚一起奔跑。非洲先辈为狩猎与黑斑羚做伴，

黑人后裔因封锁而与英帕拉拥抱。这是跨越大西洋和时光的一次巧合相遇，不变的是他们骨子中的倔强和在困境之中寻求生机的坚忍。

龙虾渔夫和他们的绝技

在这样一座小岛上，古巴人似乎从来不为外来事物而感到自豪。和我接触的古巴人中，每次聊到神采飞扬时，话题往往与那些自然的馈赠有关：雪茄、朗姆酒、蔗糖和龙虾。海滨大道有着众多的龙虾渔夫，这是一

收获颇丰的龙虾渔夫

个几乎没有门槛的职业，收获就意味着现金。在一个近乎封闭的国度，哈瓦那海滨大道有着不同寻常的开放姿态。这条围绕老城海岸线将近一半的滨海之路，如一条细细的分割线，在地面上清晰地隔开了大陆和海洋、文明和自然，而后向外部世界煞有介事地敞开了胸怀。

在靠近莫罗堡垒的一侧，海湾变得狭窄，无风无浪使得这里更容易海钓。我看到每天从午后到日落，这里都会聚集众多的渔夫。垂钓者既有十一二岁的儿童，也有耄耋老人。他们没有渔船，没有渔网，一根渔竿已经是他们所能使用的最好工具。即使是简单的渔竿，也并非人人都有机会获得。绝大部分的垂钓工具仅仅是一团渔线。

他们站在石墙上，静止不动，一手握着成团的渔线，一手缓慢地释放渔线让其滑入水中。渔夫们拿捏渔线的双手极为优雅灵巧，就如哈瓦那成名的芭蕾舞者。在渔夫的身旁，躺着几条海鱼，这是钓龙虾的诱饵——因为相比龙虾，海鱼在市场上的价格太低，所以个体渔夫一般只会将其作为龙虾诱饵或者家人的晚餐。

来自世界各地的游客对于龙虾的需求极大，刚刚出海的活龙虾是

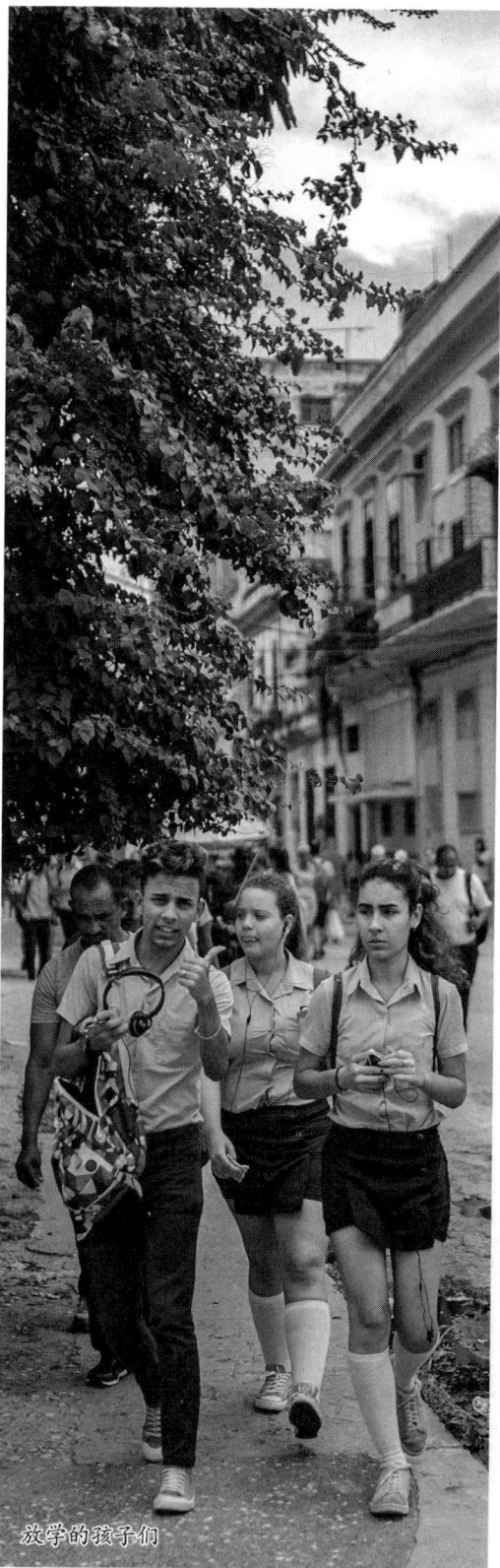

放学的孩子们

硬通货，餐厅的收购价最高可达5美元/只。这对于人均月收入只有20美元的古巴人而言，是个不菲的价格，也驱动着男女老少投身于追逐龙虾的事业中。

时间和运气决定古巴人的餐桌

清晨的哈瓦那有着恬静而蓬勃的气氛，海岛在棕榈树的庇护下一夜好眠，海洋的潮气蒸发在东方的第一缕阳光中。古巴人会在此时拥入狭窄的老城街道，就如新注入血管的血液，整个城市瞬间焕发出生机。我也会在每天的这个时候走上街头，因为寻常的古巴生活往往会在这个时候最具有戏剧性。人们都忙着采购，老城街头的国营商店门口，有大量的居民在排队，人人手里都拿着食品供应证。在正常情况下，只要排队，每个人都能根据家庭的人口数以低廉价格买到固定数额的食品，例如一家四口可以每个月买到12枚鸡蛋。古巴的计划经济和食物配给制度，诞生于"平等"的初衷。

如果在国营商店购买不到食物，古巴人也可以选择去往街头农民的自由市场，这些以生产队为单位的市场，其实就是一个个小三轮车的摊位，摊位前挂上一块小黑板，上面清楚写着蔬菜瓜果的价格。常见的果蔬是洋葱、大葱、西红柿、青菜、大蒜、黄瓜、香蕉等。

在近来开设的外汇商店中，游客

首都风情

哈瓦那的比萨饼

随处可见历史的沧桑感

和居民可以用手头的外汇购买进口商品。这些商品主要出售食品、家电和五金，以美元或者欧元计价，价格高昂。在外部世界被视为日常的用品，对于很多普通古巴人而言却是奢侈品，游客和外国使馆工作人员，成了外汇商店最主要的消费者。

武器广场上的英雄总统

古巴人没有购房的顾虑，所有人居住的房子均按需分配，至于好坏，那便因人而异了。和古巴人生活中绝大多数情况一样，这一生能住怎样的房子，也纯属运气和偶然。房子的外墙可以修修补补，但内部的空间无

法随着家庭人口的增加而扩增，几代同室的处理办法就是在屋内不断打隔墙，即便是一楼的大门入口也会被分隔为几个独立空间。

20世纪30年代的当地人曾每日出入这些装饰豪华大气的房子，西班牙殖民者也曾画地而居，如今普通的古巴人依旧生活在不属于自己的房子内，分隔着本就局促的空间，有些问题并不会随着外来者的消失而自动解决。

密集的建筑和狭窄的街巷，容易带来视野上的压迫感，众多拥有绿植的广场就成了哈瓦那城内的绿洲。我常去的武器广场是一个游客聚集地，绿树掩映之下，当地老人和各国游客坐在长椅上休憩，一名弹吉他的老人吸引了不少倾听者。

武器广场中央竖立着塞斯佩德斯的雕像。无论是高度还是知名度，这儿都不是哈瓦那城内会有游客的区域，但在我脑海中所有关于哈瓦那曾经的喧闹，都得益于这座雕像所刻画的英雄。1868年，古巴地主塞斯佩德斯在自己的德米哈瓜庄园起义，释放了自己的黑人奴隶，并发给他们武器用以反抗西班牙的殖民统治，塞斯佩德斯也被选为战时共和国的首任总统。

哈瓦那海滨大道

在他执政的10年中，古巴废除了奴隶制，宣扬宗教信仰自由，解放了东部的多个省份。在一个几乎基于奴隶制而建立的岛屿之上，黑奴重新获得了人生的选择权，他们成为革命者，成为作家，成为音乐家，成为最早点燃古巴文化的先驱者。

如果没有塞斯佩德斯，古巴如今或许就不会拥有唱响卡耐基音乐厅的国宝级乐队好景俱乐部，也不会有世界著名舞蹈艺术家阿莉西亚·阿隆索闪耀世界舞台。

普拉多大道，寻常百姓是主角

从武器广场往北行走，中哈瓦那和旧城的分界线上是著名的普拉多大道。它从国会大厦一直延伸至滨海大道，泥路贴上砖石，两侧遍植高大繁茂的绿树，这在终年炎热的哈瓦那是一片美地。大道两边的建筑几乎是哈瓦那城内建筑设计的集大成者。巴洛克风格和伊斯兰风格，模仿马德里、巴黎、维也纳修筑的高楼虽已破败，但外墙的设计和色彩依旧可以看出当年统治者的格局。

在20世纪30—50年代，普拉多大道是哈瓦那展示国际化和先锋性的场所，每次走在普拉多大道上，我总能想象当年卡尔·拉格斐把这里变成香奈儿秀场的场景，那该是多么震撼的场面。如今普拉多大道成了哈瓦那人钟爱的纳凉之地，模特由普通民众替代，西半球最耀眼的楼阁台榭晒满了衣物。

每到下午，大道两旁的大理石长椅上总是人满为患，有三两相聚的姊妹，有在树荫下午睡的出租车司机，有在大道中央以作画为生的画家。古巴人的生活中没有太多的意外，时间的流逝似乎也没有价值，普拉多大道上的哈瓦那人总像电影中慢动作的人一样，不紧不慢，生活十分悠闲。

即使面对我这样的亚洲面孔，他们表达好奇的方式最多也就是一声口哨。在我看来，哈瓦那的普拉多大道就如马德里普拉多美术馆的画廊，每张石椅就像一个画框，石椅上的人们是画中的人物，他们用最自然的方式呈现哈瓦那人在时间真空里的生活状态。喜怒哀乐，都需要观者在画前细细品味。

晚风掠过，大道附近的居民楼里传出一阵喜悦的呐喊。一家人正聚在卧室看世界杯，阿根廷进球了！和阿根廷一样，古巴民众喜欢形容自己是生而受难的人。与城内所有的人一样，这家人此刻在阿根廷足球上找回了骄傲。

海明威，以文字构筑哈瓦那

"人可以被毁灭，但不能被打败。"老渔夫在《老人与海》中的这一句独白，不经意间成了形容古巴人最好的描述。

海明威一生中超过三分之一的时间都给了哈瓦那，古巴的海洋和朗姆酒翻倒在纸页上，成就了《老人与海》和《海流中的岛屿》。城市和作家的互相成全往往会给一个地方带来更多神秘的浪漫。读者在阅读文字，其实也是在探访城市，即使自己从未亲身踏足这片土地。行走于字里行间，需要更专注地在段落里感受城市的情绪。

海明威（左一）和《老人与海》中的渔夫原型

走在哈瓦那街头，我总感觉这是海明威用混凝土和石头写就的一本书。哈瓦那的街道和酒吧，繁华和破败，都在书中有自己的韵律和节奏，都与海明威的畅饮、病痛、惊恐和宁静联系在一起。

没有人能忽略老城内的五分钱酒吧，以及小佛罗里达餐厅，这是海明威在哈瓦那为自己构建的混乱和欢乐，如今也是游客们重建想象的必去之地。在每个傍晚，当哈瓦那城用霓虹灯代替刺眼的日光时，我依旧会为所见而感动。小佛罗里达的招牌霓虹灯，周边已经没有其他任何建筑和它一起熠熠生辉，它独自闪耀在黑暗之

哈瓦那人的夜晚

中，就像孤独的老渔夫在深夜的大海追逐那条发光的大鱼。建筑可以倒塌，人可以死去，城市可以被抹平，但是人的精神和意识则永驻书中。海明威的作品，可以称得上是哈瓦那城市精神的延伸。

哈瓦那庆祝建城500周年

古巴爵士，父子乐队的《两朵栀子花》

离开哈瓦那的最后一天，我坐在老城广场一个咖啡馆的户外，听着街头的一支父子乐队演奏。父亲负责吉他和演唱，儿子拉奏小提琴。和其他街头乐队相比，他们更符合我想象中的古巴乐队，优雅也忧郁，没有花哨的乐器，仅仅是沙哑的嗓音就能重现古巴爵士第一次震惊世界的感觉。我点了一首《两朵栀子花》，老人非常惊讶，这应该不属于游客喜爱的哈瓦那热门曲目。老人对我说："这是一首很悲伤的歌，你确定吗？"

"当然。"这是我在哈瓦那唯一想听的歌曲。即使放在专业舞台上，老人的嗓音都称得上惊艳。古巴音乐不需要过多的技巧，真情实感足够动人。我惊喜于在哈瓦那的最后一天，能重新找回对古巴的最初印象；感动于歌手能在几秒钟内，迅速从欧美的流行歌曲演奏中找回对故乡音乐的情感。

这是一首悲伤的歌曲，但最好的艺术不一定都来自快乐和幸福。古巴人对此理解得更为深刻。我喜欢的古巴歌手奥玛拉·波图敦多在歌曲《二十年》中唱过一句："我们看起来如此悲伤，因为这里就是我们的人生。"《二十年》在拉丁美洲被反复传唱；享誉世界的古巴乐队"好景俱乐部"，也曾无数次在国际舞台用这首歌向世界展示失去和渴望的意义。

我感动于这些发自生命的热情声音，唏嘘于他们的艺术生命在这片岛屿似乎显得那么渺小和不合时宜。但在离别之际，对于这片我恋慕已久的土地，我依旧想说：愿你不要伤怀，愿你不再留有遗憾，愿你永远意气风发。

街边艺人

体验挪威人家

欧阳军

2022年中秋节前夕，我应挪威一所中医学校校长的再三邀请，为在校的学生讲授中医基础理论和中医营养学课程。

飞机在丹麦首都哥本哈根降落后，我又转乘汽车、轮船、火车等，于当地时间10月2日凌晨1点30分到达挪威首都奥斯陆。随后，我被安排在学校里一位叫琼斯的老师家住下，从此，我每天和他们一家人一道吃饭。这样，我也就有了一次小住挪威人家的生活体验。

经过24小时的旅途颠簸，总算到了目的地，我长长地出了一口气，真是又困又累，曾在飞机上吃过一顿午餐，肚子也早已饿得咕咕叫了。琼斯知道我一路十分辛苦，亲自下厨房，很快就准备好了夜宵；我一看，是我们在国内早餐才吃的面包、黄油、果酱、香肠，外带几个小西红柿。饥不择食，倒也吃得很香。因为怕影响睡眠，我谢绝了热茶，只喝了一杯热开水。我在心里提醒着自己：又要开始吃一个多月的西餐了！

早晨一觉醒来，精神很好，疲劳的感觉已经烟消云散。琼斯一家人上班的上班，上学的上学，房子里静悄悄的。我洗漱后走下楼，发现准备好的早餐放在厨房的餐桌上，与夜宵一样的烤面包和刚切好的新鲜面包片、黄油、果酱、香肠，唯一的区别是多了牛奶和咖啡。我想：这大概就是挪威人日常的早餐吧！稍微倒了一下时差，我就开始给学生们上课了。

中午12点到下午1点是大多数挪威人的午饭时间，我习惯了国内正经八百吃午饭的饮食规律，准备吃顿像样的正餐。而看到学生们都是一杯饮料或热茶，再吃一些面包加果酱、小点心之类的，有的学生额外加一个苹果，也就算是吃过饭了。琼斯是一位40岁左右的女士，全部的午餐只是一杯"营养冲剂"。我问她是否在减肥，她笑着说："是的，我希望再减2千克。"其实，她一点儿都不胖，高高的个子很是秀美。入乡随俗，我也和大家一样，到超级市场买了一些面包、香肠、水果等打发了一顿午饭。

到吃晚饭的时间了，我期盼着能有一份米饭炒菜之类的晚餐，哪怕有一盘烹调过的热菜也好呀。然而，摆在餐桌上的仍然是无须加热，直接抹上黄油就可以吃的面包、香肠等。我有些受不了了，难道挪威人天天就吃这样的"饭"吗？我开始盘算着怎样才能改换一下口味了。但是，住在别人家里总不能太特殊了，克服一下吧，谁让咱们是在异国他乡呢！

一次和学生聊天，他们无意中提到校长曾经10多次访问中国。听校长对他们说，中国人很奇怪，每顿饭都吃热食，他们觉得不可理解，问我："为什么你们中国人总吃热食？多麻烦呀！在挪威，我们只是在周末才做一次热菜、热饭。"我这才明白他们的饮食习惯就是这样的。

果然，星期五的下午，琼斯很早就离开了办公室，做了一顿丰盛的晚饭，有米饭、羊排炖圆白菜，还有煮熟的土豆撒上盐和胡椒粉。她介绍说，这是典型的挪威热菜。这是我来到挪威几天来吃的第一顿正餐，吃得那个舒服和痛快。我想起学生们告诉我的，挪威人平时都是吃快餐性质的凉食，如三明治或热狗等，一个星期才做一次这样的热菜，我心中涌起一丝近乎同情的感觉。

挪威的街上几乎没有什么快餐或街头食品，偶尔见到一位男士在大街上卖热汤菜，名字叫Bacalao catering（腌渍鳕鱼干）。琼斯听说我正与斯洛文尼亚卫生学院合作进行一项关于街头食品与人体健康的研究课题，对各国的街头食品很感兴趣，就和我一起品尝了一碗。主人介绍说，这种菜实际上是从西班牙传过来的，并不是挪威人所创，主要原料有咸干鱼、土豆块、西红柿、洋葱，并放入一些特殊的调料，吃起来味道还不错。

挪威是个沿海的国家，有长长的海岸线，海产品丰富。一次，琼斯带我到市中心游览，看到有刚从海上打鱼回来的渔船，鱼贩们就地出售新鲜的海鱼，琼斯买了两条，还兴致勃勃地说要给我做一顿挪威人喜欢吃的鱼。我随便说了一句，在中国做鱼通常要放姜，没想到她真的到超市买了一包生姜。回到家，我们就一起动手忙了起来，清洗干净鱼之后，将鱼头切下来，再把鱼身切成大块。然后，烧一锅开水，放入胡萝卜块、葱、姜、盐等调料慢慢地煮10分钟，待香味出来时再放入切好的鱼块，又煮了10分钟，鱼就做好了，基本上和我们吃的清炖海鱼味道一样，鲜美、软嫩，只是在制作程序上有些不同。挪威首都奥斯陆也有中国餐馆、泰国餐馆，但味道都已经走样了，只能称之为中挪结合或泰挪结合的餐馆了。

第一期学习结束时，受校长的邀请，师生们相约来到一家中国餐馆共进午餐，每个人自己点自己的菜，有牛肉炒竹笋、鱼香肉丝、素什锦等，主食是米饭。虽然，饭是中餐风味，但用的餐具却是吃西餐常用的大盘子、刀、叉，餐馆里虽然也备有筷子，可以根据个人需要随意选择，但真正使用的人却很少。服务员按照西餐的习惯，每人送了一杯冰水，如果饭后想喝点饮料，有中国茶或咖啡供顾客挑选。校长抱歉地说："在挪威没有正宗的中国餐馆，只有这种不中不西的所谓的中国餐馆。"

想在挪威吃顿可口的中国饺子，那可不是一件容易的事情。超市里没有速冻饺子，唯一的办法是自己动手包，但没有擀饺子皮的擀面杖。我过不惯总吃面包的生活，想吃点方便面换换口味，而商店里能买到的只有一种牌子是"李先生"的方便面，还远不如中国做的好吃。我心里纳闷，中国那么多方便面的厂家，怎么不往挪威来开辟销售市场？最后我终于想出了一个好办法。我对琼斯一家人

说：我给你们做几个中国菜尝尝好不好？一句话立刻引起一片欢呼声。于是我就因地制宜，第一次做的是鱼香肉丝，被吃得一干二净。第二次用韭菜、鸡蛋和白面摊成鸡蛋煎饼，都没有轮得上琼斯尝一口，就让她的孩子们一抢而光了。挪威人特别是孩子们吃蔬菜不多，比如，一根黄瓜从市场上买来时已经洗干净并用塑料薄膜包好了，他们一顿饭只切几片放在盘子里。有时，做一盘生菜沙拉，吃饭时像蜻蜓点水一般吃一点。

总的来说，挪威人的饮食习惯和大多数欧洲国家的饮食习惯差不多，是地道的西餐，主要食物是面包和土豆，在超市可以买到的蔬菜有西红柿、南瓜、柿子椒、生菜、大白菜、圆白菜、黄瓜、茄子、扁豆、鲜蘑菇、绿菜花、芹菜、胡萝卜、韭菜、大葱、大蒜等，但是见不到冬瓜、芦笋等这些在国内很普通的菜。在给学生讲中医营养学时，提到绿豆、赤小豆、豆豉、芫荽等，大多数学生都没有听说过，就更别提吃过了。挪威的食物品种不多，吃饭的花样换得也不多，与生活在那里的人相比，我觉得做一个中国人真是口福不浅。

随着中国对外文化、科技交流的不断深入和普及，越来越多的国家对

中医产生了强烈的兴趣，学生们不无感慨地说："要不是早些年中国开放了，挪威人根本不知道中国传统医学竟有这么系统的理论，这么神奇的疗效，也根本不知道中医饮食疗法有这么多丰富的内容。"

我要走了，就要离开生活工作了一个多月的挪威。离开那些对中国传统医学和中医营养学无比热爱的学生们，离开朝夕相处了一个多月的琼斯一家人，我心中充满了留恋与不舍。

这段小住挪威人家的生活经历，是人生一次难得的体验，将永远留在我美好的记忆中。

纸剪情深

孙学铭作品

老年人"三看"

张教立

看淡得失

有人说,"淡"是人间最浓的色彩。

人老了,应该对有些事物看淡。看淡,不是心不在焉,不是轻描淡写,而是对很多诱惑不存太大欲望,对有些事情不再过多计较。

到了一定年龄你就会发现,一个人的一生,其实并不需要太多的东西,有健康的身体,有良好的心态,就是一定意义上的富有。对有些人,看清了也就坦然了;对有些事,看淡了也就想开了。很多时候都是这样,把心态放平,生活就是一潭平静的水;把事看淡,人生就是一朵自在的云。

看重感情

有人说,人是有感情的动物,其实,几乎所有的高等动物都有感情,不过是人的感情色彩更浓一些。感情是人们对其他人或事的关切和好恶的心情,主要包括亲情、爱情和友情。感情这东西来之不易,得到真挚的感情要格外珍惜,感情像座桥,去时过难,返时难过,感情上一旦出了问题,缝补裂痕要忍受针刺的疼痛,有

的时候一旦失去,便成永远。在生活中,没有哪段感情是浪费时间的,如果它没有给你想要的,就是教会了你什么是不想要的。

在这个世界上,亲情是一种千金难买的感情,它融进了每一个人的血脉中,割舍不断,相伴终生。在亲人之间,要特别注重感情的交流和维系。每个人都要懂得,在这个世界上,没有多少人可以一直为你尽义务,即便是你的父母,也只有心甘情愿,没有理所当然。真正的感情交融,不是只有索取,没有付出,而是大致平等的良性循环。

友情可以用很多美妙的语句形容,对于老年人来说,友情是随风飘落的彩叶,构成了一道金秋时节亮丽的风景线。友情是一个奇妙的等式,在得到的同时必须付出,付出的时候也能得到。在人生的旅途中,分离是人生常态,尽管我们会不断认识新朋友,告别老朋友,但老年人依然要重视友情上的"得"与"失",不能"得不偿失"。

对于老年人来说，爱情不是一本纸面发黄的旧年历，而是常翻常新的必读书。年轻人的爱情，是夜不能寐；老年人的爱情，是相互依偎。年轻人的爱情像浓烈的酒，喝了使人昏睡；老年人的爱情如冲淡的茶，饮后千杯不醉。还有人形容说，老年人的爱情，像一把伞，天晴了舍不得收；如一朵花，枯萎了舍不得丢，因为天晴总有阴雨时，花枯才有果实出。

看透人生

老年人看多了世态炎凉，经历了人情冷暖，在人生道路上，能够不卑不亢，依心而行。特别是有些睿智老人，他们的生活，天空如洗，山野如黛，去留无意，荣辱不惊，静观潮起潮落，笑看雁去雁回，不为琐事所困，不被烦恼纠缠，能做到把有些不该看重的看轻，把有些不该看轻的看重。能够做到这些，就是看透。

对于很多人和事，看到，不等于看见；看见，不等于看清；看清，不等于看懂；看懂，不等于看透；看透了，才能够看得开，也才能够在纷杂的生活中，内心修篱种菊，静观云卷云舒，淡看花开花落。

随着年龄的增长和行动的受限，老年人的社交圈会逐渐缩小，参与的活动不多，不一定能学会很多东西，但能够看透很多东西。对于现实生活中的有些问题，不懂的可以多问，看透的不宜多说。有些人，看清不说穿，是智慧；有些事，看透不说破，是修养。

祝愿老年朋友们，对于大千世界，不但用眼瞧，也要用心体会，用遗忘摆脱往事，用淡然看透世事。人生苦短，注意爱自己；岁月尚长，耐心度余生。

诗苑抒怀

苏幕遮·岁月尽头
王新国

雪花飘，风簌露。世态炎凉，岁月枯枝树。
窗外清新心绪肚。储蓄无存，一笑书斋悟。

叹平庸，忧碌楚。研究吟诗，烦琐抛幽处。
已是尽头知几度。闲倚寒窗，观看重修路。

人要趋光而行

王　静

俗世万物，人间烟火。

有人的地方，就会有各式各样的追求。有追求灵魂皈依的，有追求精神高贵的，有追求吉祥平安的，有追求健康长寿的，有追求升官发财的，有追求香车美女的，有追求虚荣名利的……

价值观不一样，人与人的追求就不一样。

大千世界，人生百态。每个人都有自己喜欢或不喜欢的权利；每个人也有自己想追求或不想追求的偏好。萝卜白菜，各有所爱。

但有一点是共识，那就是：人要趋光而行。

一个人，在一间没有窗户的黑屋子里，时间长了，是没有时间感，没有方向感的。当一盏灯亮起，一扇窗户打开，人便有了时间概念，有了方向感。那盏灯、那扇窗，就是光明。不管你富贵还是贫穷，位高还是位低，只要你是个正常人，就一定会喜欢待在有光的地方，而不喜欢把自己困在黑屋子里。

看了一本闲书《乘公交车的猫》，讲的是在英国德文郡的普利茅斯，一只叫卡斯珀的猫，每天乘坐当地的3路公共汽车绕城一周，行程达到17.7千米。当许多人被犯罪、抢劫和失业问题搞得精神疲惫，情绪低落时，卡斯珀为无数上班的乘客带来了快乐，驱逐了人们内心的阴霾。司机们同卡斯珀建立了十分友好的关系，车场内还贴出了告示，让大家关注来到他们车上的这位非常特殊的"乘客"。

这件事经当地媒体报道后，在全英国引起热议，卡斯珀也成了这家公交公司的吉祥物。

2010年初，一辆出租车夺走了卡斯珀的生命，同情和悼念的信件像雪片般从四面八方飞来。很显然，卡斯珀的故事已经打动了无数人的心。

不言而喻，人类的共性，就是向往美好和善良，向往光明和自由。

卡夫卡的作品《地洞笔记》，那只一心修造地洞的生物，眼中只有黑暗，没有光明。在它的世界里，没有神圣，没有纯洁，没有真理，只有野蛮，只有疯狂，只有偏执，所以它总是惶惶不可终日，找不到出路，结果只能越来越阴郁、苦闷、冷淡。

很久以前读过一篇散文，讲的是著名作家汪曾祺夫妇在"文化大革命"中落难，被遣送回乡"劳改"。夫妇俩在院子的南墙根种了一些豌豆。待那豌豆开出洁白的花来，汪曾祺很是欣喜，随便找出一张什么纸，心无旁骛地画起了豌豆花。

汪曾祺没有半点落难的凄惶，这种大丈夫般的气定神闲，不仅仅是他眼中有豌豆花，而是心中有光、有大胸怀。

一位新闻前辈说的好："人哪，还是要趋光而行。"

是啊，高原的积雪，既有无边无际纯净心灵的洁白，也有山坳背阴处被风沙遮盖过的脏雪。对脏雪视而不见不现实，但盯着脏雪，甚至夸大其词、以偏概全也不可取。

这么大一个社会，这么多各色想法的人，怎么可能都一样呢？所有的不足、缺点、问题，都需要改良、改进、改革。说一千道一万，两横一竖最关键，就是一个"干"字。每个人都身体立行地干一点点利于社会和谐，利于团结友善的事，星火也可以燎原。如果以"打嘴仗"为习惯，以骂祖先、骂圣贤、骂自己、骂他人的方式去发泄、去指责、去诋毁，那就失去了自信，失去了团结，失去了力量，也失去了尊严。

现实是沉重的，但永远压不倒心中的花朵。

不管一个人有多恨天恨地恨世界，当捺着性子，用友善、用谦逊、用宽容、用冷静来面对这个不完美的社会时，会发现：茂林多枯枝，丰草多落英！这不仅仅是自然规律，也是生活规律。

总有些梦无枝可栖，总有些风不合时宜，正因为如此，才更需要趋光而行。

思想的原野，有了光明的占领，就不会杂草丛生。

心灵的空间，有了阳光的播撒，就不会滋生霉菌。

如今，时代变了，社会变了，人心也变了。什么都可以变，但有些东西需要死死坚守和相信：

光明终能驱散黑暗，美好终能战胜丑恶；

人与人之间相互支撑的温暖温情不能变；

趋光而行，向上、向善、向美的追求不能变！

（本文摘自中国社会出版社出版图书《生命是用来绽放的》）

爱管"闲事"的父亲

郑玉峰

父母老了，每到周末都盼着我们回家。坐在家门口，除了帮父亲剪剪指甲、洗洗脚，听他唠叨往事也成为常态。尽管父亲已经耳聋眼花，但他说起一些陈年旧事，依然记忆犹新，嗓门很大，连邻居都听得很清楚，完全不像一位90多岁的老者。母亲则在旁边唠叨，说他总爱管别人家的"闲事"。小时候，每到腊月二十六七，墨香飘荡在我家的整个老屋。父亲只读过两年小学，但写得一手好字，不知从什么时候开始常常义务为村里人写春联。母亲常说："快过年了，自己家里的事情还有一大堆呢。"父亲不仅贴时间，还常常贴笔墨，每年坚持义务为村里人写春联。老屋地方很小，甚至有些阴暗，是大红的春联衬托了传统节日的氛围，也带给我满满的回忆。那时我最乐意站在父亲身旁，看他为村里的厅堂写"耕读人家""孝义家风""江南风土薄，唯愿子孙贤"等横批或对联。除夕夜吃完年夜饭，我也愿意拉着父亲的衣角出门，走在弄堂里，灯笼所照

之处都是他写的字。每当村里人夸他的字写得好时，看得出来，父亲即使再忙点、累点，也觉得值了。

父亲有个堂兄在某市级医院当主治医生，医术精湛，被誉为外科"一把刀"，家乡人民很是为他骄傲。在那个就医难的年代里，每年都会有亲戚、朋友和他们的兄弟姐妹等，到我家来找路子、托关系去住院做手术。有的人甚至素昧平生，但通过远房亲戚介绍，也成为亲戚的亲戚。母亲多次跟父亲说：你又不是医生，别人家的事不用这么费心。常常去打扰堂兄也不好，你只告诉地址就行了，叫他们自己去找。可父亲不这么认为，不管亲戚朋友还是亲戚朋友的亲戚朋友，上门来的都是客，他们无事不登三宝殿，来的肯定是遇到突发事、急难事，能帮就帮一把。老话说：有啥别有病，没啥别没钱！当寻医问药或突发疾病时，可以说十万火急，亲戚朋友有时半夜三更会来急促地敲门，有时三伏天闯进来，有时下着鹅毛大雪登门。无论寒冬酷暑，无论刮

风下雨，无论家里农活多忙，父亲二话不说都会陪同他们去，情况紧急时甚至顾不上吃完饭，顾不上再加一件衣服。那个年代交通不便、信息不灵，走上几里路都是再平常不过的事情，父亲也经常贴时间、贴力气，还贴路费，有几次甚至是饿着肚子赶回来。每次回家后，父亲总会回忆艰难的寻医问诊之路，看到患者转危为安或者顺利办好入院手续后，他心中的那块石头才会放下。而做这一切，父亲从来不会向亲戚朋友去提半个字的要求。2000年，郑氏家族着手修编断了70多年的《浦阳嘉溪郑氏宗谱》，村里人各自忙于生计，年轻人没工夫来过问此事，年纪大点的人没有精力参与，大家希望父亲来接手。看着父亲瘦弱的身影，想起平日里繁重的农活，我们反对他去编谱，因为续谱是件耗费心血、没有一分钱报酬的事情，同时还要发动族人捐资，是件吃力不讨好的事情。可父亲不这么认为，他说既然大家信任，作为郑氏的后人，我们理应为祖上和后辈做点事。他不顾家人的反对，毅然放下手中的农活，在村里挨家挨户核对姓名资料、按人口筹集宗谱制作费用，并会同嘉溪派其他村的本族后裔多次赴义乌、东阳、金华、永康等地联络族

人，寻证失联多年的家族后裔，丰富宗谱资料。父亲来来往往不仅贴上了车费，还经常把老花镜、雨伞等遗忘或丢失。经过近3年努力，断了70多年的《浦阳嘉溪郑氏宗谱》终于修编成功。该宗谱从郑氏第六十四代渥公开始，共记后世子孙34代，还找到了失散上百年的东溪派郑氏后人。农闲时节，父亲总会戴上老花镜读宗谱，向我们讲述郑氏家族的往事。

父亲还是一名自学成才的厨师，擅长做农家味的乡村菜肴，在20世纪七八十年代，邻里乡村红白喜事少不了他。我家里农事活多，可是只要乡里乡亲来叫他帮忙，无论是播种还是收割季节，他二话不说，放下锄头就走人。天气摆在那里，田里的农活等不及，可办事的乡亲也等不起。父亲一干就是三四天，常常是累弯了腰、嘶哑了嗓，才拖着疲惫的身子回家。有时候，庄稼地里的农作物已经错过了最佳的收割期，母亲唠叨他爱管闲事时，他笑着说，人家办件大事不容易，能帮就帮一把。办红白喜事的东家送走了全部客人，上门来感谢。父亲从来不会去收递过来的红包，他常说："要是收红包的话，我就不来了。"这就是我的父亲，爱管闲事爱帮忙。

妈妈，如何才能陪伴您到永远

彭中文

哪天是母亲节？我不知道，没查，也不想查。但我知道，只要有妈妈陪伴，或陪伴妈妈，那一天就是节日，或胜过节日。

妈妈是农民，常住乡下。她不喜欢在城市生活，不论在大都市，或者小县城。

记得那年她70岁，大哥陪伴她来到深圳。高楼林立、车水马龙确实让她老人家眼前一亮，但我们兄弟带她转一圈，从她的眼神中就读到了一份陌生与无奈。于是，我们兄弟只好天天换地方，动物园、世界之窗、华侨城、海上世界、华兴寺、大小梅沙……游玩归游玩，开心归开心，才一个星期，她就嚷嚷着要回老家。

早几年，我在老家县城建了座房子，装修好后，特意想接二老来小住，没想到才吃完中饭，母亲就一刻也待不下去了，硬是逼着大哥送他们回乡下。

妈妈在乡下老家一刻也闲不下，房屋四周她都种了菜蔬。年岁大了，但好胜的性格依旧。她种的菜蔬一般比别人要快半拍，别人还在插辣椒苗，而她的辣椒树已高举着小小的白花了。邻家种的豆角不够吃，而她种的豆角却多得晒成了干豆角，装成小袋，在方便时再送给亲友。特别是送给那些吃过她做的干菜，而又称道她的干菜做得如何棒、如何好的亲友。她会耐心地等着，或算着这位亲友会在什么时候来走走。

妈妈另一爱好就是养鸡。不论哪一年，不论什么时候，她的鸡圈里的鸡都不会少于10只，多的时候会有30多只。她会念叨着哪一个月，是某某生日，要杀只鸡。她会知道，大儿子带过去的鸡蛋什么时候快吃完了，而小儿子家的鸡蛋在什么时候该准备了。

记得有一年，偷鸡贼把妈妈喂养的30多只鸡全部盗走，妈妈哭得好伤心，边哭边说：过几天，小孙要生日了，他最喜欢吃鸡腿，这可怎么办？过了10多天，妈妈在逢集时就买回了20多只鸡，我和哥哥问她怕不怕再次被盗，没想到妈妈说：只要儿孙们生日有土鸡吃，其他懒得想。

早些年逢年过节，妈妈会很早就准备：哪天有谁会回？该准备什么菜？如果儿媳妇回来替她打下手，妈妈总会说：你去一边坐，我都准备好了。但近两三年来，年月不饶人，儿媳妇上前帮忙时，她也乐意。只不过总不放心似的，在旁边把把关，并告诉该如何如何煮才会更好吃。

说妈妈老了，也确实老了，七十好几的人，谁又会说不老。说妈妈未老，也确实未老，只要儿孙媳妇说想要啥，想做啥，她总是率先而起，杀鸡技术不比我差，扯笋手脚也飞快。上次我与老婆回家，老婆说想去后山扯扯小竹笋，妈妈招呼一声就往后山走，不到10分钟，就抱着一大捆小竹笋回来了，这速度，惊得我们夫妇目瞪口呆。

岳母比母亲小，但也上了70岁了。

妈妈老了，也确实老了

岳母也好种菜，好养鸡鸭，还豪爽健朗。她有几个宝贝女儿，一回娘家，就逗得岳母年轻许多，屋里屋外，尽是她们母女嘻哈的笑声。

五一期间，老婆与她姐姐又回娘家，杀鸡做菜，酒足饭饱后，要上山去摘泡。

泡是一种荆棘上的果实，在五一期间成熟，大若奶头，小如米花，色殷红，汁酸甜。有些人说桑葚好吃，有些人说泡好吃，但作为20世纪70年代的人，在记忆里，在灵魂深处，桑葚与泡是无法比的。

那时候，物质匮乏，长在田埂上、山坡中的泡可是农村儿童的最爱。每到插秧季节，大人在田里插秧，而小孩子却在到处找泡摘泡，一旦发现，招呼一声，孩子们一哄而上，不管红的青的、熟的未熟的，不用清洗，摘下就往口里送，那种滋味，那种感觉，现在想来，若初恋的朦胧，若春溪的浅明，若少年的纯真……回味无穷。也有些儿童发现了泡，不声不响，独自采摘下来后，又拿到同伴面前炫耀，惹得同伴连问在什么地方摘的，得知后再去翻个底朝天，偶尔也有所收获。

妻姐妹与岳母上山，我肯定也要陪着，并做好后勤工作。

其实我更贪玩，巴不得天天如天上云，闲荡四方；如涧中水，喧哗四时。

摘泡是半真半假

但我也知道，妻姐妹去摘泡是半真半假，上山是真，回忆是真，让老母亲开心一笑也是真。能摘到泡开心，没摘到泡也开心，能陪伴母亲开心，有母亲陪伴更开心。

山色青翠，山鸟清唱，一条蜿蜒的山路引领着我们走向静谧的山中。泡树没见到几棵，但母女三人似回到了从前，回忆当年往事，聊聊道听途说，一路山风缱绻，偶尔见到一棵泡树，或摘到一粒泡，都要大惊小怪一番。特别是见到一坡金银花时，岳母说金银花可煮水喝，解毒清热，而妻拍照，妻姐折取，三人忙得不亦乐乎。

人生易老天难老。生涯短短，只有健康开心才是王道；世事无常，只有亲情友情奉献无私才是王道；家庭家族，只有团结互助共同前行才是王道。而家，而情，只有母亲才是王道。

父母在，人生尚有来处，父母去，人生只剩归途。

是啊，人一路走来，父母的养育，父母的呵护，父母的期待，只有父母才能诠释大爱无疆，只有父母才配高天厚地。

纸剪情深

放风筝

跳绳

孙学铭作品

为了鸟儿辞职卖房，她用生命守护白鹤家园

李传云

白鹤是国家一级保护动物，目前全球仅存4000余只。周海燕到鄱阳湖畔摄影时，有幸遇到千鹤竞舞的景象。得知白鹤群第二年就会面临生存危机，她毅然从电视台主持人变身成"泥腿子"，甚至卖掉住房，耕种几百亩藕田作为"候鸟食堂"，为全球70%的白鹤守护一个家。她还冒着严寒远赴白鹤出生地西伯利亚，进行惊险的科考……如今，周海燕已成为国内外知名的"白鹤守护神"。

心疼白鹤，女主持人变成田间"周黑丫"

2016年底，周海燕扛着摄影设备来到了江西南昌的鄱阳湖畔。自从婚姻破裂后，拍摄鸟类成为她的一大爱好。当天她有幸看到广袤的藕田中聚集着上千只白鹤，有的展翅高飞，有的欢快戏水，有的低头觅食。还有不少别的鸟儿，正怡然自得地滑翔着……这幅美丽的画卷，惊艳了周海燕和同行摄影师。要知道，白鹤可是

白鹤妈妈周海燕

国宝，是国家一级保护动物，全球濒危物种啊！

周海燕观察到一对带着宝宝的白鹤夫妻："鹤爸"负责警戒，"鹤妈"将藕啄碎了，一点一点喂给小鹤。端着相机的周海燕透过镜头看见这温情一幕，忍不住眼含热泪。

周海燕是安徽滁州人，在江西卫视担任节目主持人。2010年经历婚变后，她正是靠生态摄影走出了阴霾，后兼任中国最大的野生鸟类摄影网鸟网江西版的版主。周海燕还是一个拥有500人的摄友群的群主，去过20多个国家拍鸟。

面对这么大一群身材修长、姿态优美的白鹤，周海燕和摄影师都感到奇怪：白鹤一向远离人类，现在居然冒死聚集在藕田里？如此异象，事必有因。

这时，一个藕农路过说："好好拍，明年可就没有了。"周海燕一惊，忙问他为什么。

农户解释说，他从2010年在此租田种藕之后，就陆续看到有灰鹤、白鹤前来啄食，后来白鹤独霸此处，其他鸟类的数量也逐年增多。鹤群白天在藕田啄食，晚上飞到鄱阳湖休息，它们过得倒是不错，可当地农户损失惨重。他们无奈将藕田转租给了别人，准备改种水稻。

那如果没有了吃的，白鹤怎么办？周海燕专门咨询了专家。得知由于多种原因，加之2016年的夏汛，鄱阳湖内鹤类的传统食物刺苦草数量急剧减少，白鹤只得飞至一堤之隔的五星垦殖场的这片藕田觅食。

白鹤聚集藕田的照片在网上流传后，过段时间周海燕再来到这里，只见田埂上站满了人，有人尝试着手抓白鹤，还有人拿棍子扑打鹤群！周海燕急忙劝阻："别，这可是国家一级保护动物，和大熊猫同等珍贵呢！"不少人听了吓一跳，大家显然不懂相关的知识。

周海燕望着白茫茫的鹤群想：白鹤在遥远的西伯利亚孕育、产子，一家三口飞越5300千米到此过冬，却因食物不足，不得不铤而走险到藕田觅食，这是多么的无奈啊。她不禁联想到独自远赴美国求学的儿子，顿时心疼起来，就想为白鹤做点什么。

周海燕跑了多个部门，想寻求帮助，但进展并不顺利。有澳门摄友提议："要不，就由我们摄影群凑钱租下藕田，给白鹤提供一个安稳的家园吧？"摄友们热爱大自然，也愿为守护地球上的生灵而奔走。

周海燕牵头发起了众筹，她和

100多个摄友共同出资100多万元公益资金，大家一致推举周海燕负责管理这笔钱，对接租种藕田，为白鹤提供"跨国食堂"等事宜。

但只有开销没有进项，很难长久维系下去，周海燕就想了个办法——将来用收费赏鸟的方式，来支撑下一年藕田繁殖的运作费。毕竟白鹤很稀少，加上鄱阳湖这边风景迷人，她相信会有不少游客、摄影师等愿意为此买门票的。

接下来，周海燕租下了300亩藕田。2017年3月，她开始挽起裤腿，下田学习种藕……当地农民不由得议论："她本来很白很漂亮的，也不知道咋想的，到我们乡下来做'泥腿子'！"摄影师们给网名叫"丫丫"的周海燕新增了一个外号——"周黑丫"。

得知"傻"妈妈利用工作之外的时间，在国内当起了"藕农"，周海燕的留学生儿子致远乐了："咱俩真是一对难妈难儿呀！"原来为了省钱，他和华人同学租住在国外偏远的宿舍，连床都没舍得买，直接睡在地板上。幸运的是，房东看致远努力而懂事，就送了他一张二手床铺。

每当周海燕为藕田的事奔波疲惫时，她就开导自己，善良的人一定会被幸运之神眷顾的，就像远在美国的儿子能遇到一个好房东。

最终，她的奔走赢得了当地政府的重视，周海燕得以在藕田边搭起5间铁皮屋，展出了他们团队的许多摄影作品……这给平日冷清的村子带来了人气。

历经磨难，"环保女战士"令西方侧目

到了第二年，白鹤比以往迟了半个月才陆续归来。苦盼多日的周海燕转忧为喜，像老母亲迎接归国的儿子一般。谁料，这个冬天少见晴天，观鸟的盈收根本不足以支撑来年的地租，更不要说买藕种、请工人种藕了。

12月末，周海燕正和摄友们算账。突然，一个电话打进来，对方自称是公安局经侦处，说有人举报她涉嫌非法集资。周海燕顿时吓坏了。她找律师帮忙分析后，排除了众筹租地养鹤不合法的可能性。经过向有关部门解释，此事才最终解决。

但要维持藕田的持续运营，保证2000多只白鹤有吃食，周海燕还须再投入大量资金。这时，摄友们不由得相继退缩、放弃了。

经过一年的努力，周海燕已经从白鹤爱好者，变成真正的守护者。

如果藕田没了，白鹤们就会因断粮而死亡。她不忍心，告诉自己要努力3年，看能否帮它们守住一个家。

周海燕卖了房子，预付田租，预订了藕种，搬进了鄱阳湖边的铁皮屋。只要一忙完电视台的工作，她就立即驱车赶来这一大片藕田。为了宽慰父母和儿子，她谎称这个项目大有前途。

此后，周海燕辗转于电视台和藕田之间，忙得不可开交。入夏，铁皮屋24小时空调不停，却依然顶不住热浪和蚊虫侵袭，周海燕经常在闷热中被咬得身上多处起红包。但看着墙上的白鹤照片，想到它们入冬将归，周海燕的艰辛又化为了动力。

一般每年11月上旬，白鹤就会陆续到来。但2018年，白鹤迟迟没来。为此，周海燕告假守在藕田边。她知道白鹤一旦选定某个地方栖息，就不会轻易转场，若转场，自此再无归期。

周海燕心焦如焚，专门请教了北京林业大学的郭玉民教授。郭教授很赞赏她守护白鹤的行为，专门带了团队，邀请了俄罗斯的鹤类专家前来调研。他们判断，东北气流改变会影响鹤群的迁徙时间，劝周海燕耐心等候。

外籍专家看了周海燕铁皮屋里展出的白鹤照片，也深受触动，邀请她第二年去俄罗斯做白鹤摄影展，看看白鹤出生的地方。但周海燕心系迟来的白鹤，没心思出国。

11月底，鹤群终于出现了！那晚她整夜没睡，竖起耳朵倾听远处不时传来的鸟鸣，宛如天籁。但第二天一早，周海燕正睡得迷糊，却忽然感到铁皮屋在强烈震动。

她跑出来一看，外面有几台挖掘机在同时作业。对方说，这里准备新建一个停车场。白鹤们正在天上盘旋，如此阵仗，它们怎还敢降落？周海燕跳进挖掘机车斗里大声喊："这里是白鹤保护中心，不能施工！"民工们强行把她推进铁皮屋，继续作业，这时惊动了周海燕养的5条狗，犬吠声和机器的轰鸣此起彼伏。周海燕看着窗外惊慌失措的鹤群，号啕大哭。

好在她的媒体朋友和江西林业厅都出面了，停车场施工被暂停。可当一群摄影爱好者前来观鸟拍摄时，在藕田隔壁种药材的农户开启的6台柴油机，"突突突"轰鸣声不断，眼前黑烟滚滚，大家不约而同捂住口鼻，白鹤也被惊吓得腾空而起……

东面要新建停车场，西面又在打

捞药材芡实，随时都可能彻底逼退鹤群啊！周海燕欲哭无泪。那晚，她连儿子发来的视频通话都拒绝了，怕儿子看到自己憔悴的面容会担忧。她只是微信回复儿子一句："现在是大群白鹤回家的时候，妈就先不接听了。"致远回她一个笑脸。几年后周海燕才知道，当天儿子遭遇了黑人的持枪抢劫，差点丢了性命。

为了全力守护好白鹤群，这时周海燕已经不顾家人劝说，毅然辞掉了电视台主持人的工作。她和远在美国的儿子，都如约为自己的梦想坚持着。

2018年底，周海燕迎来了一个天大的好消息——国家出台长江大保护战略，白鹤保护小区被列入鄱阳湖重点保护项目，一切干扰全都被叫停。

2019年初，南昌大学请她作有关白鹤保护的报告，美洲鹤保护联盟主席南希女士拉着周海燕的手流下热泪："谁说中国的鸟类都在餐桌上？你所做的一切改变了西方人的认知，中国在环保上的贡献很大。"热烈的掌声中，周海燕所有的委屈和疲惫都消解了，因为她做的事情很有意义。

爱的守望，"鹤妈妈"成就白鹤小镇

这时，郭教授再次劝周海燕去西伯利亚："你为白鹤做了那么多，应该看看它们出生的样子，这也许将成为你坚持下去的动力。"周海燕对白

照片第一排左一为周海燕

鹤的故乡向往已久，这次终于飞往俄罗斯联邦的萨哈（雅库特）共和国，去举办白鹤摄影展。

白鹤是雅库特的国鸟，西伯利亚人还坚信，它们是上帝向人类传递信息的天使。周海燕的"大美鄱阳湖生态摄影展"如期举行，雅库特总统一家三口也前来观展。总统女儿看到她拍摄的一幅白鹤母子的合影非常喜爱，周海燕随即打印了一张送给她，小姑娘很开心。

周海燕在这片热土上出名了，走在异国街头，热情的雅库特人对她行贴面礼，感谢她为守护白鹤付出的一切。

影展结束后，周海燕又花了近10小时，乘飞机、转快艇、坐拖拉机，辗转两天才到了位于北极圈的白鹤繁殖地。

西伯利亚地区广袤无边，保护区的白鹤分布也很散，平均38平方千米才有一对白鹤筑巢繁殖，这给野外科考带来了巨大挑战。周海燕携带着几十千克重的装备，在白天气温32°C，夜间零下12°C的极端天气下蹲守了三四天，她的额头被蚊虫叮得红肿，才发现了一对白鹤。

周海燕以每天100多米的龟速前进。找到第5天晚上，她终于发现了白鹤巢，拍下珍贵照片和视频。观察和拍摄期间，周海燕看到一只鹤妈妈就要生宝宝了，旁边的北极银鸥和贼鸥对她意图不轨，负责放哨的鹤爸爸奋力拦截……

这天晚上，周海燕在积雪中连续拍片几小时后，又累又困地睡着了。迷糊中，她忽然被对讲机里发出的声音惊醒："周！危险，危险！外面有一头棕熊！"同行的俄罗斯专家提醒道。周海燕转头一看，有只壮实的棕熊正在逼近她的帐篷，她惊叫着夺门而逃……

2019年9月，江西省委收到了雅库特总统的感谢信，感谢周海燕在鄱阳湖为了照顾白鹤，所做的一系列无私付出。白鹤，也架起了中俄两国友谊的新桥梁。2019年，江西省把白鹤设立为省鸟，并把每年12月定为鄱阳湖国际观鸟季。

在周海燕的建议下，江西省还将白鹤保护小区面积拓展到1050亩，打造出一个白鹤小镇。相关部门高度重视白鹤保护区的发展，如今的南昌"五星白鹤保护小区"，已经成为江西省一张亮眼的名片，市民的网红打卡点。

为宣传保护白鹤，周海燕制作了一部纪录片《特殊的白鹤家庭》，讲述了一对白鹤夫妻带着俩孩子到鄱阳湖过冬的故事，有中英俄三个版本，广受国内外观众的好评。2021年，周海燕先后获得江西省"三八红旗手""鄱阳湖卫士"等称号。

为了离白鹤近一点，周海燕冬天就住在田间房，每晚听着冷风中白鹤清亮的鸣叫，知道它们没异常，她才能睡得安稳。当地农户和周海燕早已经相互熟悉了，大家都说："老师不穿裙子了呀？好喜欢看你穿裙子的。"她笑着拍拍身上的迷彩装："还是这个好。"

2023年2月，一位台商在保护区看到千鹤竞舞的场景后，深受感动。他认为这是天降祥瑞的景象，决定在南昌投资6000万美元建厂，创业之余观鹤养心。7月26日，台商还请周海燕做了开工典礼的主持人。

如今，在全球仅存的4000多只白鹤中，有70%会选择到中国鄱阳湖畔的"白鹤小镇"过冬。但这个白鹤保护小区较小，名气又渐渐大了起来，每天接待太多游客会影响白鹤的生活，怎么办？周海燕又有了一个新想法：如果观鸟者能先在官网上学习相关的保护知识，答题后才能预约参观，是不是更科学呢？于是，最近她又在"白鹤小镇"的官网上，当起了出题官。

现在的周海燕全然成了一位"鹤妈"，她白天管理几百亩藕田和观鸟事宜，晚上还在网上做"护鹤直播"，向大家科普生态保护及文明观鸟的知识。她已经回国发展的儿子，忍不住鼓掌调侃："妈，你对我那些鸟兄弟是真上心呀，本人想不吃醋都难！哈哈……"

也有亲友替周海燕感到惋惜，说她不该辞职卖房守护白鹤。"把那些鸟繁育得再多再好，也都不是你的。哪有做主持人体面？"

对此，周海燕含笑感慨："人不能光想着自己能从社会上得到什么，也要想想能为社会做点什么嘛。何况我也很喜欢这些鸟儿。"

有个嫂子叫"红"

简　默

　　汽车里程表上的数字不断更新，渐入沂蒙山区，这儿是我的故乡。正是收获时节，迎面缓缓推来一辆独轮小推车，车子两边分别躺着两只鼓鼓囊囊的编织袋，一个老汉紧随车后。这种车靠一条腿赶路，全凭驾车人双手端起，平衡前行，因此人的两只手、两条腿就是它一条腿的延伸与帮衬。80多年前的一个深夜，一辆破旧的独轮小推车停在沂水县桃棵子村一家农户门前。山里的女人没有名字，嫁夫随夫姓张，开始叫张大嫂，年纪大了，又改叫张大娘。张大娘透过门缝儿瞧了瞧外面的动静，四下里静悄悄的，回头嘀咕了一声，轻轻地拉开门，"吱扭"声让她的心一下子揪紧了。她侧耳听了听，随即平静下来，与两个侄子一起，将行动不便的八路军山东纵队司令部侦察员郭伍士小心地搀上独轮车。一个侄子麻利地将绳扣套到脖子上，双手端起车子，朝着山那边推去。独轮车年久失修，发出"吱扭吱扭"声，在静谧的夜晚传得很远，一条狗叫了，更多的

狗加入进来，像点燃了炮捻子似的连成一片。张大娘的心重新提到了嗓子眼儿，狗认出了他们，不再叫了，侄子继续推着车子赶路。张大娘踮着脚，紧紧跟随在郭伍士旁边。郭伍士吃力地扭过头，最后看了一眼身后的小屋，再看看身边的张大娘，时常陷入昏迷的郭伍士恍惚记得她身穿浅蓝色土布大襟褂，汪青色大裆裤，高高的个儿，夹杂着几根白发的一头黑发梳向脑后盘成小鬏，黑里透红的脸膛上常常洋溢着笑容。送至村口，张大娘俯身攥着郭伍士的手，叮嘱他好好养伤，伤好后继续上战场打鬼子。郭伍士噙着热泪，久久不愿撒开张大娘的手，终于泪如雨下，泣不成声。张大娘也哭了起来。此刻，泪眼婆娑中，注视着张大娘有些单薄的身影，郭伍士在心里说："娘啊，我的亲娘，我一定会回来的！"两个侄子借着月色，轮流推着郭伍士，翻过一座山，又走了许久，终于赶在天亮前，将他送到了十几里地外的八路军后方医院……此前，命悬一线的郭伍士已经

在张大娘家和附近的山洞里住了一个月。当时山里吃饭是个大问题，张大娘第一次喂郭伍士的那点面糊，是她用从泥缸里反复扫出来的两盅面做成的。为了让郭伍士的伤口尽早愈合，她决定杀掉家里的老母鸡给他补身体。她的小闺女与这只鸡培养出了感情，看见娘磨刀霍霍要杀鸡，慌忙抱起鸡放声大哭，请求娘留下它。她好说歹说，最后干脆从闺女怀里夺过鸡一刀杀了，添上水，守在泥炉子前，一把一把地续着柴火。火苗舔着漆黑的锅底，从四周逃了出来，像一束束红飘带。不一会儿，一锅香喷喷的鸡汤终于熬好了，她又一勺一勺喂给郭伍士喝……这才有了之后京剧《红嫂》和芭蕾舞剧《沂蒙颂》中《我为亲人熬鸡汤》的经典片段。

郭伍士的伤口感染化脓生虫，起初张大娘束手无策，后来她灵机一动，猛然想起自己腌咸菜时用芸豆叶驱除酱缸中的蛆虫的土法。她尝试着将鲜芸豆叶放在蒜臼子里捣烂，挤出汁液往郭伍士的伤口上滴。这个饱含民间生活智慧的土法果然立竿见影，她眼睁睁地盯着伤口里的蛆虫纷纷爬了出来，禁不住欣喜若狂。她又采来艾叶熬水为郭伍士清洗伤口的脓血，渐渐地，郭伍士的伤情好转了。

几年后，郭伍士因伤病严重退伍，他没有回山西原籍，而是选择落户沂蒙山区，回到桃棵子村，与张大娘正式结为母子，为她养老送终。20世纪60年代，作家刘知侠以张大娘和郭伍士之间的故事为素材创作的短篇小说《红嫂》问世，为方便向接踵而至的来访者介绍，当时的桃棵子村党支部书记为张大娘起名祖秀莲，她第一次有了自己的姓名。从此，作为"沂蒙红嫂"主要原型的祖秀莲，成为这个英雄群体的代表。沿着山路向上，在苍松翠柏掩映下，祖秀莲静静地长眠在坟茔中，就在她的坟茔左侧，是郭伍士的坟茔。这是他生前的要求，他要永远留在桃棵子村，留在对他有再造恩情的娘身边，以这种朴素而深沉的方式陪伴着自己的娘，继续在地下陪娘拉呱儿，给娘捶背砸腿。娘俩的笑声伴着清风和松涛萦绕在山间，直到永远。郭伍士的儿女也会在清明节来到祖秀莲奶奶坟前祭拜。这不是简单的投桃报李，而是亲密无间的水乳

交融，是感天动地的生死与共，也是传统美德和人性光辉的传递与接续。

我们所说的红嫂不是特指哪个人，而是革命战争年代沂蒙女人的群体形象。她们以沂蒙山区为基座，以革命战争为坐标，以人性和信仰为天平，统一被命名为"红嫂"。红是汩汩流淌的鲜血，是一面旗帜的颜色，是一个政党、政权和国家的底色。走在沂蒙乡间黄土路上，转在沂蒙的每一座山、每一条峪间，你会随时随地遇见她们，她们上穿大襟袄，下着大裆裤，腿扎黑带子，脚穿尖尖鞋，头发向脑后集中握"鬏"，脸上刻满沧桑和坚忍，双眼漾着慈爱与清澈，开口便是乡音。但，曾经守在鏊子前挥汗如雨烙煎饼支前的是她们，一针一线将密密情和爱缝入军衣和军鞋的是她们，"吱扭吱扭"推着独轮车汇入滚滚人流的是她们，抬着担架穿过纷飞炮火的是她们，送夫支前和送子参军的是她们，手搭凉棚翘首盼望亲人归来的同样是她们……飞机、坦克和大炮是坚硬的，她们以柔软的军衣、军鞋和袜子对抗着它们，消弭着它们，将仇恨和深情一起缝入一针一线之中。踩着《义勇军进行曲》慷慨激昂的旋律，她们一批又一批地走进战争的腹地，有些永远没再回头。战争没有叫她们走开！她们迎着战争勇往

直前！她们敦厚朴实如泥土，有情有义有大德，一旦自己认准的事，相中的人，或是受人之托，责任驱使，便会抛家舍业，全力以赴，即使献出生命也在所不惜。

明德英，一位以替人看坟谋生的聋哑妇女，面对身受重伤昏迷的八路军小战士，尚处在哺乳期的她，来不及生火烧水，便慨然解开衣襟，将一滴滴乳汁滴进小战士的嘴中……人性瞬间定格为永恒。沂水县官庄村的王步荣，人称"彭大娘"，在陆续将三个儿子和一个闺女送到部队后，为了带动青年们的参军热情，又将家里仅有的劳动力、自己的大儿子送上了战场。此举在全村引发了参军热潮，官庄村也成为全县动参模范村。不管有名还是无名，她们都是真正的英雄。只有将那些伤员当作自己最亲近的人，才促使祖秀莲冒着生命危险救护郭伍士，才让明德英有勇气解开衣襟，以乳汁救治小战士。那一刻，她们解开的不仅仅是衣襟，而是博大深沉的胸怀，巍巍沂蒙矗立在那儿。说到沂蒙，就不能不提到沂河。人们只看见沂河向东流，其实世上还有一条沂河，它源自沂蒙女子的胸怀，流向千万张口。这条河，散发着人性的温度，支撑起八百里沂蒙，也浇灌着伟大的信仰。如果你读懂了沂蒙女子和她们的沂河，你就读懂了什么是勇敢、什么是坚毅、什么是大爱、什么是大德、什么是信仰、什么是理想……她们就是沂蒙，沂蒙就是她们。

转载自《中国社会报》

诗苑抒怀

西江月·岁末感音

王新国

帘吻漫天雪絮，窗含玉树梅花。
一枝摇意向人斜，更美嫣然入画。
木案挥毫泼墨，电炉煮酒烹茶。
平平仄仄润年华，诗韵天天潇洒。

问：家庭中老年精神病人的心理护理要注意些什么？

中老年精神病人与其他精神疾病病人一样，有思维混乱的一面，也有其正常衰老的心理状态，增强他们的自信心是心理护理的主要内容。中老年人退休后，经济地位和社会地位的改变，常使他们不适应、不接受，总觉得心里有不平衡、抑郁、苦闷、烦恼；变得自私、好挑剔，希望得到子女的关心和体贴，如果子女照顾不周，就更加不满意，大发脾气。有的病人觉得患上精神病，怕家里人不要他，别人瞧不起，随之产生消极情绪和企图自杀的心理。如果老年人出现上述类似症状，家属要给予足够的重视，一方面做好病人的心理护理，要理解病人的心情和处境，以热情的态度关心体贴病人，安慰病人同疾病作斗争，告诉病人精神疾病也是一种疾病，通过治疗会得到好转，不要受世俗观念的影响，要坚持服药，把病彻底治好。另一方面要抽出时间陪伴老年人，不要让他们在寂寞中度过余生。要让病人感受到家庭的温暖，感到自己在家中是受人尊敬和重视的，从而有满足感。和老年人聊天时，多说他过去值得骄傲的事情，让病人有成就感。经常陪老年人出去走一走，尤其是丧偶的老年人。要保持与亲朋好友的交往，引导病人扩大接触面，减少寂寞和孤独感。鼓励病人参加社区组织的文娱活动和体育锻炼，既丰富他们的生活内容，也能活跃病人的情绪。总之，满足老年人的心理需求，其精神状况将有所改善。

问：安眠药的禁忌证有哪些？

下列情况均属安眠药的禁忌证：

（1）呼吸功能障碍，包括睡眠呼吸障碍。

（2）肝肾功能不全。

（3）重症肌无力。

（4）酒前酒后，因两者相互增强作用，甚至有发生意外的报道。

此外，三唑仑和溴替唑仑还禁用于青光眼老年患者，巴比妥类和导眠能则禁用于卟啉病老年患者。当老年患者同时还使用对中枢神经有抑制作用的其他药物时，如抗抑郁剂、抗焦虑剂、抗精神病药物、抗癫痫药、吗啡类镇痛剂和镇咳剂等，均应慎用或减量。由于老年人耐受力和排泄功能较差，应减量用药。